Methoden en Modellen voor Zorglogistiek

Copyright © 2013 Ger Koole & René Bekker
Alle rechten voorbehouden
MG books, Amsterdam

Methoden en Modellen voor Zorglogistiek

prof.dr. Ger Koole & dr. René Bekker

PICA
Vrije Universiteit Amsterdam & VU medisch centrum

MG books
Amsterdam

Voorwoord

Dit boek behandelt kwantitatieve aspecten van zorglogistiek. De laatste decennia is men tot het inzicht gekomen dat het goed organiseren van zorg volgens logistieke principes tot betere en goedkopere zorg kan leiden. Dit is het centrale thema van zorglogistiek. Een belangrijk aspect van zorglogistiek is het meten en voorspellen van de logistieke prestaties. Dit boek is een laagdrempelige inleiding tot deze rekenkundige aspecten van de zorglogistiek. Met een minimum aan wiskunde wordt het verzamelen en analyseren van data behandeld, wordt er ingegaan op voor logistiek belangrijke aspecten van statistiek, en worden modellen voor het voorspellen van prestaties van zorgpocessen besproken. Dit maakt dit boek geschikt voor studenten in zorggerelateerde opleidingen in het hoger onderwijs en voor gebruik in trainingen over zorglogistiek aan zorgprofessionals. In de voorbeelden komt de hele breedte van de zorg, van ziekenhuizen tot de GGZ en verzorgingshuizen, aan de orde.

Een aantal collega's heeft direct en indirect bijgedragen aan de totstandkoming van dit boek. Veel van onze kennis op het gebied van zorglogistiek hebben wij opgedaan dankzij PICA, het VU-VUmc kenniscentrum voor zorglogistiek. Lineke Verkooijen, lector bij Windesheim Flevoland, en Dennis Moeke, docent bij de Avans Hogeschool, hebben ons geïntroduceerd in de wereld van de care. Met dit boek hebben wij voortgebouwd op een kortere tekst die wij hebben geschreven in het kader van het LogiZ project, wat tot doel had lesmateriaal te ontwikkelen voor de zorg. Alle betrokken personen en instellingen zijn wij zeer erkentelijk.

Ger Koole & René Bekker
Amsterdam, voorjaar 2013

Inhoudsopgave

Voorwoord		**i**
Inhoudsopgave		**iii**
1	**Inleiding**	**1**
	1.1 Wat is kwantitatieve zorglogistiek?	1
	1.2 Variabiliteit	3
	1.3 Vraag en aanbod	6
	1.4 Verbetercyclus	7
	1.5 Informatiesystemen	9
	1.6 Meten	11
	1.7 Complexiteit	12
	1.8 Verder lezen	13
2	**Data Analyse**	**15**
	2.1 Soorten data	15
	2.2 Grafieken	16
	2.3 Univariate data en kentallen	18
	2.4 Tijdreeksen	20
	2.5 Multivariate data	22
	2.6 Verder lezen	25
3	**Statistiek**	**27**
	3.1 De normale verdeling	28
	3.2 Rekenen met toevalsgrootheden	32
	3.3 Trekken uit toevalsgrootheden	37
	3.4 Nauwkeurigheid en steekproefomvang	38
	3.5 Voorspellen	41

	3.6	Scenario-analyse	43
	3.7	Verder lezen	44

4 Modellen   **45**
- 4.1 Het berekenen van sessielengtes 46
- 4.2 Simuleren van processen 49
- 4.3 Capaciteitsmanagement van zorgeenheden 50
- 4.4 Modellen voor zorgprocessen met wachtrijen 56
- 4.5 Toegangstijden en capaciteit 63
- 4.6 Afsprakenmodellen 67
- 4.7 Opnameplanning 68
- 4.8 Ketens 70
- 4.9 Plannen van shared resources 71
- 4.10 Verder lezen 72

Bibliografie   **72**

A Excel en andere tools   **75**
- A.1 Nadelen van Excel 75
- A.2 Geavanceerd gebruik van Excel 76
- A.3 Andere tools 78
- A.4 Verder leren 78

Hoofdstuk 1

Inleiding

In dit hoofdstuk bespreken we wat kwantitatieve zorglogistiek is en wat we ermee kunnen bereiken. Ook bespreken we enkele zorglogistieke concepten en kijken we vooruit naar de onderwerpen van de volgende hoofdstukken.

1.1 Wat is kwantitatieve zorglogistiek?

In een zorginstelling vinden allerlei soorten activiteiten plaats. Centraal staat het primair proces, het leveren van zorg, plus de activiteiten die daar direct toe bijdragen zoals transport en catering. Daarnaast zijn er activiteiten die het primair proces mogelijk maken, zoals financiën en gebouwbeheer. Het aansturen van al deze activiteiten heet *management* of *bedrijfsvoering*. Het aansturen en organiseren van het primair proces noemen we operationeel management of logistiek. Wanneer deze aansturing betrekking heeft op de zorg noemen we het operationeel zorgmanagement of zorglogistiek. De term patiëntenlogistiek wordt ook wel gebruikt.

> **Goederenlogistiek**
> Naast zorglogistiek is nog een andere vorm van logistiek van belang voor zorginstellingen: *goederenlogistiek*. Het doel van goederenlogistiek is het beheren en distribueren van goederen zodat ze in voldoende mate aanwezig zijn zonder dat de kosten te hoog worden. In de zorg is dit bijvoorbeeld relevant voor medicijnen. Het is ook een onderdeel van operationeel management. Soms wordt met de term logistiek alleen goederenlogistiek bedoeld.

Zorglogistiek bestaat uit vele aspecten waarvan enkele kort worden aangestipt, zoals in paragrafen 1.4 en 1.7. In dit boek ligt de nadruk zeer sterk op die aspecten die kwantitatief van aard zijn. We geven enkele voorbeelden van vraagstukken die typisch met de technieken uit dit boek aangepakt kunnen worden.

Voorbeeld *In een ziekenhuis is er sprake van een te hoog percentage afzeggingen van open hartoperaties (OHO's). In de discussie hierover worden verschillende oorzaken geopperd die samenhangen met de beschikbare capaciteit en werkwijze van de operatiekamers, maar ook met capaciteitsproblemen in de zorgeenheden die de patiënten doorlopen. Het gesprek leidt niet tot een eenduidige conclusie. Afgesproken wordt dat er eerst uitgezocht moet worden waardoor en in welke mate operaties afgezegd worden. Daarna gaat men proberen uit te zoeken wat de consequenties zouden zijn, voor zowel de kwaliteit van de zorg als de financiële prestaties van het ziekenhuis, van verschillende mogelijke oplossingen zoals het verruimen van de capaciteit of een andere wijze van werken.*

Voorbeeld *Een thuiszorgorganisatie worstelt met het probleem dat ze te weinig cliënten hebben om zorg op afroep te leveren. De zorg op afroep voor niet planbare zorg is 24 uur per dag beschikbaar. Overdag gebeurt dit door medewerkers die voor reguliere activiteiten ingeroosterd zijn, maar bij een oproep direct weg kunnen. 's Avonds en 's nachts vindt invulling plaats door specifiek voor deze oproepen vrijgestelde medewerkers. Met name in de nacht lijken er onvoldoende oproepen te zijn om de dienst rendabel te houden. Wat is het minimaal aantal cliënten nodig om de dienst rendabel te houden? Afgesproken wordt dat er voor de avond en de nacht uitgezocht moet worden wat de aard en de omvang van de oproepen precies is.*

Zorg bestaat zelden uit een eenmalige gebeurtenis. Vaak is er sprake van meerdere gebeurtenissen, zoals een eerste gesprek, een aantal onderzoeken die leiden tot een diagnose, en vervolgens behandeling. Vandaar dat we vaak spreken over zorg*processen*. Ook als zorg bestaat uit één enkele gebeurtenis spreken we over een proces.

Zorglogistiek kan ingezet worden om zorgprocessen te verbeteren: om ze efficiënter te maken, zodat minder schaarse middelen zoals medewerkers en apparatuur nodig zijn, en om ze effectiever te maken, zodat de tevredenheid van cliënten[1] en de kwaliteit van zorg verbetert. Ook zonder de expliciete inzet van zorglogistiek vinden zorgprocessen plaats, echter vaak op een ad hoc manier. Zo worden de verschillende stappen in een proces vaak één voor één gepland hetgeen leidt tot lange doorlooptijden en het vaak terugkomen van patiënten. Door alle afspraken waar mogelijk in één keer

---

[1] We gebruiken de termen patiënt, cliënt en klant door elkaar.

Hoofdstuk 1 — Inleiding

te plannen voorkomen we onnodig terugkomen. Een ander voorbeeld is een zorginstelling waar de bezetting niet wordt afgestemd op de verwachte vraag aan zorg. Door expliciet na te denken over zorglogistiek kunnen we de kwaliteit van het proces verhogen en de kosten omlaag brengen. Dit lijkt een tegenstelling, maar vaak gaan kwaliteit verhogen en kosten verlagen hand in hand bij een betere organisatie van de zorg.

> **Zorgpaden**
> Zorg in ziekenhuizen kan heel divers zijn. Vaak zijn er echter ook groepen patiënten die aan dezelfde kenmerken voldoen. Door deze patiënten als zodanig te labelen en als groep te beschouwen kan men niet alleen betere zorg bieden maar ook de zorg beter organiseren. Men spreekt dan vaak van een *zorgpad* (clinical pathway in het Engels). Een zorgpad stelt instellingen in staat dezelfde zorg aan te bieden voor een groep patiënten, waarvan statistisch is aangetoond dat deze zorg optimaal is (zogeheten *evidence-based medicine*). Het maakt het zorgproces ook veel voorspelbaarder, omdat men vooraf kan inschatten welke zorg gewenst is. Dit heeft logistiek grote voordelen zoals we later zullen zien.

1.2 Variabiliteit

Variabiliteit is het verschijnsel dat vergelijkbare gebeurtenissen geen vergelijkbare uitkomsten geven. Er zijn weinig systemen, in de zorg en daarbuiten, die geen variabiliteit vertonen. De zorgduur of opnameduur van een patiënt of cliënt, het aantal aankomsten op de spoedeisende hulp, het aantal beschikbare verzorgenden of verpleegkundigen: het verschilt van dag tot dag, en van patiënt/cliënt tot patiënt/cliënt. Dit brengt met zich mee dat we in onze planning rekening moeten houden met deze fluctuaties. Het betekent niet dat we niet kunnen plannen, maar dat we variabiliteit moeten meten, interpreteren, en er op een adequate manier mee om moeten gaan. Meten, voorspellen en sturen, kortweg de onderwerpen van dit boek, staan dus geheel in het teken van het interpreteren van en omgaan met variabiliteit.

Het is belangrijk te begrijpen welke vormen van variabiliteit er zijn. Het eerste onderscheid is tussen variabiliteit die we zelf veroorzaken en variabiliteit waar we niets aan kunnen doen: *interne* en *externe fluctuaties*. Interne fluctuaties zijn de fluctuaties die we zelf veroorzaken, door bijvoorbeeld bepaalde activiteiten te bundelen.

Meestal zijn er heel goede redenen om activteiten te bundelen en dus in-

> **Dienstverlening**
> Zorg is een *dienst*. Dat betekent dat de klant onderdeel is van het proces. Als we een nieuwe televisie kopen zijn we ons niet bewust van het hele proces dat zich heeft afgespeeld om het apparaat in de winkel te krijgen. Bij de zorg is dit anders, hier zijn we als zorgconsument zelf onderdeel van het proces. Dit zorgt ervoor dat we direct geconfronteerd worden met de fluctuaties in het proces. Andersom heeft de zorginstelling direct te maken met de fluctuaties in zorgvraag. Dit is een van de aspecten waarin de zorg gecompliceerder is dan de productiesector.

terne fluctuaties te veroorzaken. Echter, veel zorg betreft meerdere stappen, en clustering is niet altijd wenselijk voor alle stappen in de keten. Dit vereist afstemming in de keten en/of tussen ketens, om te komen tot een planning die voor alle betrokkenen een acceptabele oplossing oplevert. Daarnaast is het organiseren van een bundeling aan activiteiten vaak wel eenvoudiger, maar is de organisatie zich dikwijls niet (volledig) bewust van de logistieke impact daarvan.

Voorbeeld *In een ziekenhuis houden veel specialisten 's ochtends spreekuur. Een aanzienlijk deel van de patiënten wordt doorverwezen naar de afeling radiologie, waar in de loop van de morgen lange wachttijden ontstaan. De rest van de dag zijn er nauwelijks wachttijden.*

> **Flexible manufacturing systems**
> In de productielogistiek is er vaak sprake van omsteltijden indien men van soort product wil veranderen. Denk aan een verfinrichting bij autofabricage: als er van kleur veranderd wordt moet eerst de hele installatie schoongemaakt worden, wat tijdrovend is. Daarom produceert men liever batches auto's van dezelfde kleur, met de omsteltijden meegerekend leidt dit tot kortere verwerkingstijden. Echter, het staat de flexibiliteit in de weg. Om die reden bouwt men graag zogeheten *flexible manufacturing systems*, systemen met niet of nauwelijks omsteltijden. Denk aan een verfinrichting met een spuitmond per kleur. De kosten zijn hoger, maar dit wordt terugverdiend in flexibiliteit en lage doorlooptijden voor de hele keten.

De tweede manier waarop we fluctuaties in kunnen delen is de voorspelbaarheid. Als iets met zekerheid zal plaatsvinden is het volledig voorspelbaar. Daarnaast zijn er verschillende maten van onvoorspelbaarheid, vrijwel niets is volledig onvoorspelbaar. Dat wat op detailniveau hoogst onvoorspelbaar lijkt is op een hoger aggregatieniveau vaak meer voorspelbaar.

Hoofdstuk 1 — Inleiding

Zo is het moeilijk te zeggen of er op een gegeven minuut in een verplegingshuis om hulp gebeld wordt, maar op uurniveau zijn er duidelijke patronen te ontdekken die behulpzaam kunnen zijn bij het roosteren van personeel. In tabel 1.1 zijn enkele voorbeelden van fluctuaties en hun indeling te vinden.

	voorspelbaar	onvoorspelbaar
intern	geen operaties in weekend	niet-gecommuniceerde wijziging
extern	minder spoed gedurende de nacht	het exacte aantal traumapatiënten

Tabel 1.1: Enkele voorbeelden van soorten van fluctuaties

Onzekerheid neemt vaak ook af in de tijd, naarmate de gebeurtenis dichterbij komt. Voorbeelden zijn het weer dat beter voorspelbaar wordt, tot dan toe lege slots die van patiënten worden voorzien, en de toekomstige bezetting die op korte termijn goed voorspeld kan worden door de huidige bezetting. Echter, op het moment van planning moet men het doen met de dan beschikbare informatie. De bedrijfswetenschapper Galbraith definieert onzekerheid dan ook als volgt: "Onzekerheid is informatie die je nog niet hebt maar die wel nodig is" (Galbraith [3]).

We hebben reeds besproken dat fluctuaties niet altijd onwenselijk zijn. Onder andere waar sprake is van omsteltijden of -kosten kan bundelen voordelig zijn. Echter, vaak geldt wel dat men interne fluctuaties zoveel mogelijk zou moeten vermijden, zeker wanneer deze interne fluctuaties onvoorspelbaar zijn (kwadrant rechtsboven in Tabel 1.1). Met voorspelbare fluctuaties kan rekening worden gehouden door middel van een goede planning; op externe onzekere fluctuaties (kwadrant rechtsonder) kan alleen worden ingesprongen d.m.v. extra capaciteit. Algemener is onvoorspelbaarheid soms relatief onschadelijk, maar het is altijd wenselijk de onzekerheid te verminderen.

Voor een goede besturing en/of capaciteitsinzet bij fluctuaties is het essentieel om deze fluctuaties inzichtelijk te maken. Dit vraagt om data analyse van huidige processen en, in mindere mate, om statistiek. Deze onderwerpen komen in de Hoofdstukken 2 en 3 aan de orde.

Oefening *Kies een vijftal soorten van capaciteit, van soorten zorgvraag (kies zowel kortdurende als langdurende zorgvragen) en zorgduren. Bepaal voor elk of er sprake is van fluctuaties en op welke tijdschaal deze fluctuaties zich afspelen,*

> **Lean manufacturing**
> *Lean manufacturing* is een methodiek voor het verbeteren van productieprocessen die bestaat uit een groot aantal verschillende tools die deels op managementmethodes en deels op de inrichting van de processen gericht zijn. Een van de pijlers is het verminderen van de fluctuaties. In de autoindustrie, waar lean zijn oorsprong vindt, zijn er weinig externe fluctuaties en is men dus in staat, door het reduceren van de interne fluctuaties, om een zeer regelmatig proces te creëren. Daarom is omgaan met fluctuaties nauwelijks een issue in de productiesector: de focus ligt op het reduceren van fluctuaties.

d.w.z. zien we de fluctuaties op het niveau van minuten, uren, dagen, maanden, of misschien zelfs jaren? Bespreek de antwoorden met enkele medestudenten.

1.3 Vraag en aanbod

Zorglogistiek gaat in essentie over het afstemmen van vraag en aanbod, het zodanig beïnvloeden van vraag en/of aanbod dat de aanwezige capaciteit optimaal benut wordt. Zonder fluctuaties in vraag en aanbod hoeft men slechts eenmalig af te stemmen en kan men 100% gebruik maken van de aanwezige capaciteit. Dit is echter een puur hypothetische situatie, in de praktijk heeft men eigenlijk altijd te maken met fluctuaties, zowel in vraag als in aanbod. Zo varieert de vraag op een SEH van dag tot dag en van uur tot uur, en ook de behandelcapaciteit kan enorm fluctueren door bijvoorbeeld ziekte van personeel of beschikbaarheid van medische apparatuur en medisch personeel.

Vanuit het oogpunt van de patiënt is het wenselijk om de capaciteit af te stemmen op de vraag. Echter, vaak ligt de capaciteit grotendeels vast en is het niet flexibel genoeg om fluctuaties in de vraag te volgen. Soms leidt dit tot overcapaciteit, maar vaak ook zijn we verplicht de vraag te beïnvloeden. Dit kan bijvoorbeeld door vraag te weigeren of door behandelingen of zorg uit te stellen tot een later tijdstip dan door de patiënt/cliënt gewenst (wat leidt tot wachten). Zowel weigeren als uitstellen van zorg kan leiden tot patiëntontevredenheid en/of onveiligheid.

Een belangrijk onderscheid is of men op het moment van afstemming bekend is met vraag en aanbod; d.w.z., zijn vraag en aanbod op het moment dat men plant bekend of (nog) onzeker? Indien vraag en/of capaciteit onzeker zijn kan men dus vraag en aanbod niet volledig afstemmen. Maar zelfs al is de vraag bekend, dan nog is het mogelijk dat de inzet van capaciteit niet voldoende flexibel is om vraag en aanbod af te stemmen. Het is dus belangrijk dat men de hoeveelheid flexibiliteit afstemt op de mate van onzekerheid. Om die reden wordt dit ook wel de mate van *planbaarheid* genoemd. Zorg is dus niet al dan niet planbaar; het is in een bepaalde mate planbaar, en die mate hangt nauw samen met de onzekerheid van de zorgvraag. Vaak neemt zowel de onzekerheid als de mate van flexibiliteit in de loop van de tijd af.

Het alternatief voor flexibiliteit is ofwel overcapaciteit ofwel weigeringen/uitstel. De concepten kunnen goed worden geïllustreerd aan de hand van traumapatiënten die mogelijkerwijs 's nachts aankomen, of zorg op afroep. Bij het OK team of thuiszorgteam dat 's nachts standby is, is er sprake van overcapaciteit. De specialist of oproepkracht die indien noodzakelijk wordt opgeroepen van thuis is een goed voorbeeld van flexibele inzet. Indien men wacht met een operatie tot de volgende dag is er sprake van uitstel. Indien er toevallig meerdere patiënten zijn kan men besluiten een patiënt door te sturen naar een ander traumacentrum. In dat geval is er sprake van een weigering. Uitstel of weigering zal in de thuiszorg slechts in beperkte mate voorkomen, gezien de aard van de vraag (bijvoorbeeld hulp bij de toiletgang, of een valincident).

Als vraag en aanbod geen fluctuaties vertonen is het (relatief) eenvoudig uit te rekenen wat de vereiste capaciteit is. In het geval van fluctuaties zijn de berekeningen veel lastiger en vereisen vaak gespecialiseerde wiskundige kennis. Voor verschillende situaties zijn er zogenaamde wiskundige modellen beschikbaar. Deze helpen ons te voorspellen wat de prestaties zijn van (nog) niet bestaande systemen. De modellen komen aan bod in Hoofdstuk 4.

Oefening *Bepaal, voor de vijf soorten vraag uit de opdracht van paragraaf 1.1 op welke wijze er wordt ingespeeld op de fluctuaties in vraag. Denk daarbij zowel aan het mogelijk uitstellen of weigeren van het leveren van de zorg en aan de wijze waarop de capaciteit inspeelt op de vraag.*

1.4 Verbetercyclus

Op basis van logistiek inzicht kan men soms een inschatting maken van het verbeterpotentieel van logistieke wijzigingen. Voor blijvende en vergaande verbeteringen is vaak een meer gedegen aanpak wenselijk, waarin men cyclisch verschillende fases doorloopt die op een systematische wijze tot een continue verbetering leiden. De bekendste methode staat bekend on-

> **Statistiek en modellen**
> Een groot deel van onze medische kennis is gebaseerd op statistiek. Hierbij gaat men er van uit dat de uitkomsten voor een groep onderzochte patiënten ook gebruikt kunnen worden voor toekomstige patiënten. Dit noemen we *inductie*: we generaliseren op basis van een aantal waarnemingen. Inductie is ook bruikbaar in de logistiek, bijvoorbeeld om de vraag naar zorg te voorspellen. Inductie heeft echter ook zijn beperkingen. Het probeert niet te verklaren waarom een bepaalde interventie al dan niet werkt, het is een black-box benadering. En het is alleen te gebruiken als nieuwe patiënten voldoende lijken op de onderzochte. Tegenover inductie staat *deductie*. Hierbij hebben we een detailomschrijving, een *model*, van het object onder studie, bijvoorbeeld een logistiek proces. Dan kunnen we op basis van kennis van dit proces doorrekenen wat de effecten zijn als bijvoorbeeld de vraag verdubbelt. Statistisch zou een dergelijk resultaat niet te bereiken zijn omdat een dergelijke vraag zich nog nooit heeft voorgedaan. Deze modelmatige aanpak wordt vaak gebruikt bij procesanalyse. Het vereist echter een detailbegrip op componentniveau van de processen, en is daardoor vaak zeer tijdrovend.

der de afkorting PDCA, *plan-do-check-act*. Deze methode is geïntroduceerd door de statisticus Deming, die ook aan de basis staat van lean manufacturing. Het is dan ook een belangrijk onderdeel van lean. Andere verbeterparadigma's hebben soortgelijke verbetercycli, zoals DMAIC (*define-measure-analyze-improve-control*) en POOGI (*process of on-going improvement*). We bespreken kort het idee achter deze methodieken aan de hand van DMAIC.

> **Verbeterparadigma's**
> De bekendste verbeterparadigma's zijn *Lean Manufacturing*, *Six Sigma*, en de *Theory of Constraints*. Alle drie zijn ze sterk wetenschappelijk georiënteerd. Lean (zie ook het kader op pagina 6) en Six Sigma zijn sterk statistisch van aard. Zo refereert de sigma van Six Sigma aan de standaarddeviatie van de normale verdeling (zie Hoofdstuk 3). De bedenker van de Theory of Constraints, Goldratt, was natuurkundige. In de laatste methode staat het denken vanuit bottlenecks centraal; Six Sigma is erg gericht op statistische procescontrole. Six Sigma wordt soms met lean gecombineerd tot *Lean Six Sigma*. DMAIC komt van Six Sigma, POOGI van Goldratt.

DMAIC staat voor define-measure-analyze-improve-control:
- **define** staat voor het vastleggen van een probleemdefinitie en het doel van het project. Daarnaast beslaat deze fase nog diverse andere belangrijke aspecten, waaronder het betrekken van de juiste personen bij het verbeterproject (de zogenaamde stakeholders);

Hoofdstuk 1 — Inleiding

- **measure** betekent een plan te maken hoe de prestaties te meten zijn en het uitvoeren van een nulmeting, d.w.z. een meting van de huidige prestaties. Ook de validatie van de data is een belangrijk punt in deze fase;
- **analyze** beslaat het vinden van de oorzaken waarom de prestaties afwijken van de doelstellingen;
- **improve** bestaat uit het vinden van oplossingen voor de gevonden discrepanties en het implementeren van verbeteringen;
- **control** is de laatste stap die er uit bestaat dat de prestaties doorlopend worden gemonitord om de bereikte verbeteringen te borgen.

Uit de beschrijving van DMAIC wordt de centrale rol van het meten van prestaties van het systeem en het analyseren van data duidelijk. Het meten en analyseren van data speelt nadrukkelijk een rol in de fasen 'measure' en 'analyse'. Wellicht minder duidelijk, maar wel van groot belang, is de rol van data en de analyse daarvan binnen 'control'. Men kan immers alleen een proces goed monitoren en beheren wanneer men zicht heeft op de prestaties. In de volgende secties gaan we nader in op het meten en verzamelen van procesdata. Verder speelt wiskundige modelvorming (zoals in Hoofdstuk 4) vaak een belangrijke rol bij het ontwerpen van verbeteracties in de 'improve' fase.

1.5 Informatiesystemen

De belangrijkste bron van data zijn de informatiesystemen die in zorginstellingen in gebruik zijn. Zelden gebruikt een instelling slechts één systeem voor alle patiëntendata. Met name ziekenhuizen zijn vaak lapjesdekens van allerlei systemen die via zogeheten koppelingen met elkaar verbonden zijn voor de noodzakelijke informatieoverdracht. Deze koppelingen zijn lang niet altijd standaard maar moeten soms speciaal gebouwd worden, ze zijn erg gevoelig voor updates van software, en zijn soms beperkt in functionaliteit. Een voorbeeld van zo'n beperking is dat een systeem wel een ander systeem kan raadplegen maar er geen wijzigingen in kan maken.

Voorbeeld *Voor een zorgpad wil men vanaf de polikliniek alle bezoeken tegelijk kunnen plannen. Echter, voor een slot op de MRI kunnen wel de mogelijkheden geraadpleegd worden maar de reservering en de patiëntinformatie worden per fax intern verstuurd. Voor de operatiekamer kan er alleen telefonisch een afspraak worden gemaakt omdat men vanaf de polikliniek het informatiesysteem niet kan raadplegen.*

Het zal duidelijk zijn dat zorg in samenhang plannen in een dergelijke

omgeving moeizaam gaat. Ook het verkrijgen van informatie over het proces is uitermate lastig. Weliswaar wordt er enorm veel data opgeslagen, maar dit wordt primair voor andere doeleinden gedaan: denk aan registratie van verrichtingen ten behoeve van facturering en het digitaal opslaan van röntgenfoto's voor medische analyse. Deze informatiesystemen zijn in de regel niet ontworpen voor het analyseren en verbeteren van de logistieke processen. Om deze reden hebben data vaak, logistiek gezien, tekortkomingen. De belangrijkste soorten problemen die we vaak tegenkomen zijn:
- Er zijn geen historische gegevens voorhanden, er zijn bijvoorbeeld alleen gegevens over huidige patiënten/cliënten;
- Een deel van de data (vaak data die niet noodzakelijk zijn voor het primaire doel van het systeem en die handmatig wordt ingevoerd) is onnauwkeurig, bijvoorbeeld tijdstippen waarop een handeling wordt afgerond omdat de registratie later plaatsvindt;
- De voor de logistiek wenselijke gegevens worden niet bijgehouden, bijvoorbeeld aankomstmomenten van patiënten die naar een ander ziekenhuis zijn doorverwezen of welke zorgactiviteiten er in een verzorgingshuis daadwerkelijk verleend worden.

Voor managementrapportages en het analyseren van data voor management en planning zijn er informatiesystemen ontworpen waarin alle data bijeen wordt gebracht en waarin het analyseren gefaciliteerd wordt. Dit noemt men *data warehouses*, en het onderdeel van de informatica dat zich bezighoudt met dit soort systemen noemt met *Business Intelligence*. Een voorbeeld van een dergelijk informatiesysteem is IBM Cognos. Het samenbrengen van data in een data warehouse ondervangt uiteraard niet dat data onbetrouwbaar of simpelweg afwezig zijn, maar wel de andere nadelen van reguliere financiële en patiëntinformatiesystemen: het brengt alle data samen in één systeem en er wordt over een langere termijn gegevens bijgehouden.

Analytics

Business Intelligence (BI) is een aanpak om managementinformatie boven water te krijgen. Deze gegevens worden pas echt waardevol als ze gebruikt worden om de toekomst te voorspellen en zo mogelijk bij te sturen. Het vakgebied dat zich daar mee bezighoudt is *Business Analytics* (BA). BA start met BI en bouwt daarop voort door te voorspellen (*predictive modeling*) en te optimaliseren. Waar BI sterk in de informatica geworteld is, is BA sterk wiskundig en statistisch van aard. BA wordt in allerlei sectoren toegepast, en krijgt dan namen als *search analytics*, *fraud analytics*, en *marketing analytics*. In dat licht bezien is (zorg)logistiek eigenlijk *(health) process analytics*.

Oefening   Wordt er in uw organisatie bijgehouden:
- Wanneer een patiënt wordt doorverwezen?   JA / NEE
- Hoelang een cliënt in zorg is?   JA / NEE
- Wanneer een patiënt op de verkeerde afdeling terechtkomt?   JA / NEE
- Heeft u gegevens over de wachttijden van alle patiënten/cliënten?   JA / NEE
- Worden de wachttijden wellicht steekproefsgewijs bepaald?   JA / NEE
- Is er ook historische data beschikbaar?   JA / NEE

Op welke wijze verkrijgt u data en van welk systeem?
Bespreek uw antwoorden met enkele medestudenten.

1.6   Meten

Wanneer ICT niet de gewenste gegevens kan leveren, dan kunnen in sommige gevallen de relevante gegevens uit papieren dossiers worden gehaald. Anders kan er toe worden overgegaan om handmatig metingen te verrichten. Men dient zich wel te realiseren dat dit een tijdrovend proces is; het is daarom raadzaam eerst na te gaan in hoeverre de huidige informatievoorziening binnen de instelling kan worden ingezet.

Omdat het meestal lastig is om tijdens het meetproces bij te sturen is een goede voorbereiding op een meting essentieel; dit is een niet te onderschatten activiteit. Bij het starten van een meting dient men zich de volgende vragen te stellen:
- Wat is het doel van de meting?
- Welke gegevens zijn nodig voor de analyse?
- Wie voert welke gegevens waar in?
- Hoe kan worden gewaarborgd dat de gegevens worden ingevuld en betrouwbaar zijn?
- Wat is de duur van de meting en/of hoeveel gegevens zijn nodig?

Op de laatste vraag wordt ingegaan in paragraaf 3.4. De derde en vierde vraag zijn vaak nauw met elkaar verwant. Het inzetten van medewerkers die uitsluitend gegevens verzamelen levert volledige en betrouwbare data op, maar dit is niet altijd mogelijk of gewenst. Dit is bijvoorbeeld het geval wanneer men het proces van iedere patiënt op de SEH (spoedeisende hulp) of in zorg bij de thuiszorg wil registreren. In dat geval dienen gegevens naast de overige werkzaamheden geregistreerd te worden. Om dit succesvol te laten verlopen, moet de extra benodigde inspanning van medewerkers zo klein mogelijk worden gehouden. Vaak kan de registratie gecombineerd worden met andere momenten waarop cliëntgegevens worden ingevoerd. Gegevens verkregen door het creëren van extra registratiemomenten zijn over het algemeen niet volledig en onbetrouwbaar. Verder dient het doel van de meting voor de medewerkers duidelijk te zijn en moet de meting veelvuldig onder de aandacht worden gebracht.

1.7 Complexiteit

Zorglogistiek succesvol toepassen is veel meer dan het overzetten van logistieke principes naar de zorg. Een belangrijk aspect is de aanwezigheid van fluctuaties, vanwege het feit dat de zorg een dienst is. Maar dat is niet alles. Bedrijfskundige Peter Drucker zei het als volgt: 'Health care is the most difficult, chaotic and complex industry to manage today', en het ziekenhuis is 'altogether the most complex human organization ever devised'. Met name grote algemene en academische ziekenhuizen zijn extreem complexe instellingen waar het heel moeilijk is op logistiek gebied veranderingen te bewerkstelligen. Een van de redenen is de organisatievorm, die Mintzberg een *professionele bureaucratie* noemt. Deze wordt gekarakteriseerd door een sterk geformaliseerde rolverdeling, macht op de werkvloer, en weinig aandacht voor planning en besturing. De verschillende belangen en invalshoeken en het gebrek aan een sterke leiding maakt het moeilijk veranderingen door te voeren. Data is hier overigens van groot belang, omdat het in staat stelt verschillende meningen bij elkaar te brengen en een gemeenschappelijk uitgangspunt te bereiken.

> **Logistiek en uitzonderingen**
> Logistiek gezien is men geneigd zich te concentreren op de 80% van de cliënten die in zekere mate vergelijkbaar zijn, tenzij de resterende 20% het proces verstoort. Zorginhoudelijk wil men voor all cliënten de best mogelijke zorg leveren, en is men geneigd op inhoudelijke gronden extra aandacht te schenken aan de uitzonderingen. Het is belangrijk de logistieke keten niet rond de uitzonderingen te bouwen maar voor de hele groep. Het is daarom ook niet juist het proces vorm te geven aan de hand van de gemiddelde cliënt: wat goed is voor de gemiddelde cliënt geeft meestal niet gemiddeld de beste uitkomsten.

Waar afstemming binnen een instelling al lastig is, is dit tussen organisaties nog veel complexer. Veel ketens lopen echter over verschillende partijen, dus voor een goede logistiek is afstemming noodzakelijk. We zien een tendens om zorg meer en meer multi-disciplinair te maken en ook zien we regionale samenwerking meer en meer vorm krijgen. Dit maakt de behoefte

Hoofdstuk 1 — Inleiding 13

aan logistieke afstemming alleen maar groter. Data-uitwisseling blijft, onder andere vanwege privacy overwegingen, echter achter.

Supply chains

Ketens over verschillende partijen en/of eenheden wordt in de productielogistiek *supply chain management* genoemd. Wat optimaal is voor één partij in de keten is dat vaak niet voor de hele keten. Informatieuitwisseling via IT bleek een belangrijke enabler van supply chain management. Het heeft in vele industrieën geleid tot lagere kosten, lagere voorraden en de mogelijkheid sneller op veranderingen in te spelen.

1.8 Verder lezen

Een meer kwalitatieve inleiding in de zorglogistiek en bedrijfsvoering in de zorg in het algemeen is Verkooijen & Moeke [17]. Een andere Nederlandstalige tekst is Ruiter e.a. [13]. Veel experts hebben meegewerkt aan [9], een serie syllabi over patiënten- en goederenlogistiek in de zorg. Dit boek is gebaseerd op een onderdeel daarvan.

In de Engelstalige literatuur is meer te vinden over zorglogistiek. Hier noemen we met name Toussaint & Gerard [16] over lean manufacturing in de zorg.

Interessante boeken over andere maar zeer relevante onderwerpen zijn Nance [11], over veiligheid in de zorg, en Lee [8], over kwaliteit van dienstverlening.

Een veelgelezen boek dat de meerwaarde van Analytics uitlegt is Davenport & Harris [2].

"Wat goed is voor de gemiddelde cliënt geeft meestal niet gemiddeld de beste uitkomsten" is een hele korte samenvatting van Savage [14], een boek over de zogeheten "flaw of averages".

Hoofdstuk 2

Data Analyse

Het analyseren van data is een belangrijke eerste stap in de logistieke verbetercyclus. Een dergelijke analyse kan de prestaties en knelpunten van de huidige processen op een objectieve wijze inzichtelijk maken. In dit hoofdstuk gaan we in op de analyse van data van zorgprocessen.

Voorbeeld *Bij het inplannen van ingrepen bij de operatiekamer (OK) voert de chirurg de verwachte tijdsduur van de operatie in. Vanwege onvoorziene fluctuaties in operatieduur zal de gerealiseerde duur meestal afwijken van de geplande duur. Maar is er sprake van een systematische afwijking? Dit zou het veel voorkomen van uitloop op de OK's (deels) kunnen verklaren. Om te onderzoeken of er sprake is van een dergelijk systematische afwijking besluit men een analyse te doen van historische data.*

Voorbeeld *Een thuiszorgorganisatie maakt voor het verlenen van zorg gebruik van zorgroutes. Een paar routes lijken meer dan de geplande tijd in beslag te nemen. De vraag is of hier werkelijk sprake is van een structurele afwijking. Om te onderzoeken of dit inderdaad het geval is besluit men een analyse te doen van de verzamelde data met betrekking tot de betreffende cliënten over de afgelopen maand.*

2.1 Soorten data

Data treffen we aan in een grote verscheidenheid. Een belangrijk verschil is of er sprake is van *univariate* of *multivariate* data: is er per patiënt 1 getal (bijvoorbeeld zorgduur) of zijn er meerdere getallen (bijvoorbeeld zorgduur, leeftijd, duur operatie). Een bijzonder geval is wanneer één van de variabelen de tijd betreft en men geïnteresseerd is hoe de andere variabelen zich in de loop van de tijd ontwikkelen. We spreken dan van tijdreeksen. Een voorbeeld is het aantal preparaten dat voor onderzoek van dag tot dag bij de afdeling Pathologie binnenkomt. Een analyse van deze data kan belangrijk zijn voor een analyse van doorlooptijden van pathologisch onderzoek. Een thuiszorgorganisatie zou geïnteresseerd kunnen zijn in hoe de vraag er gedurende een gemiddelde week uitziet, om op een verantwoorde en onderbouwde manier keuzes te maken ten aanzien van de personele inzet.

Ondanks de grote verscheidenheid aan type data zijn er twee grootheden die in de logistiek vaak onderwerp van studie zijn: *aantallen* en *duren*. Bij aantallen kan worden gedacht aan aantal opnamen (spoed/electief), aantal ingevulde MRI slots, aantal operatiekamers, maar ook aan aantal bezette bedden, aantal patiënten op de wachtlijst of aantal geweigerde opnamen. Bij duren kan worden gedacht aan de duur van een verrichting, OK duur, ligduur, duur van een poli-afspraak, maar ook aan wachttijden en doorlooptijden. De analyses in dit hoofdstuk richten zich ook met name op aantallen en duren en zijn daarmee breed toepasbaar.

2.2 Grafieken

Men start data-analyse in de regel met het maken van enkele grafieken, al was het alleen al maar om gevoel te krijgen voor de data. Bij tijdsreeksen maakt men natuurlijk een plot met de tijd op de horizontale as. Naast het krijgen van gevoel bij de data springen uitschieters, zoals bijvoorbeeld op feestdagen, vaak direct in het oog. Een illustratie is te zien in Figuur 2.1[1]. In de figuur is de zorgvraag per dag bij een zorgeenheid weergegeven. Wat direct opvalt is dat de zorgvraag per dag sterk fluctueert. Ook geeft een dergelijke figuur een eerste indruk in aanwezige patronen, zie paragraaf 2.4.

Bij gewone univariate data is het gebruikelijk een histogram te maken. Dit is een grafische weergave van een frequentieverdeling. Bij een histogram staan de mogelijke waardes op de horizontale as en de frequenties op de verticale. De hoogste balk bevindt zich dus bij de meest voorkomende waarde. Een histogram geeft snel een indruk van plaatsing en spreiding

---
[1] Alle gebruikte data zijn vanuit privacyoverwegingen hetzij fictief (maar representatief voor de zorg) hetzij zodanig gemanipuleerd dat ze niet meer herleidbaar zijn tot de oorspronkelijke instelling.

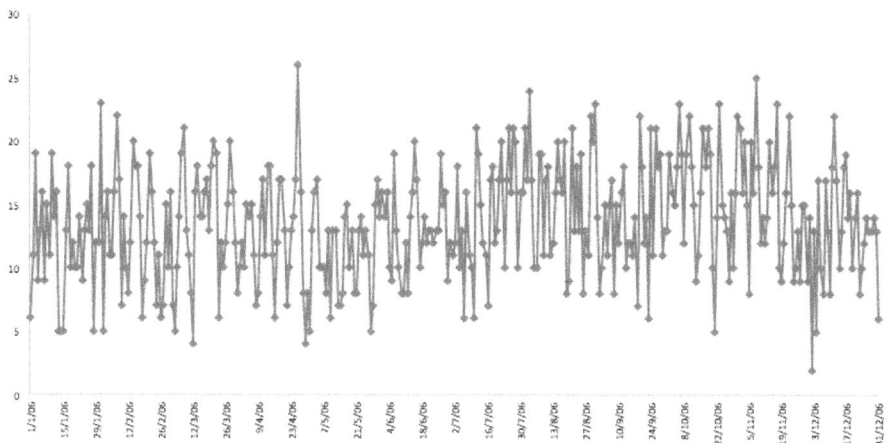

Figuur 2.1: Zorgvraag in aantal bedden bij een zorgeenheid gedurende een jaar

van de getallen in een verzameling data. Het histogram van de vraag van Figuur 2.1 is te zien in Figuur 2.2. Uit de figuur volgt direct dat de waarde 13 het meest voorkomt, namelijk 35 keer in 2006. Op de verticale as zouden ook relatieve frequenties kunnen staan; zo komt de waarde 13 op 35/365 x 100% = 9.6% van de dagen voor.

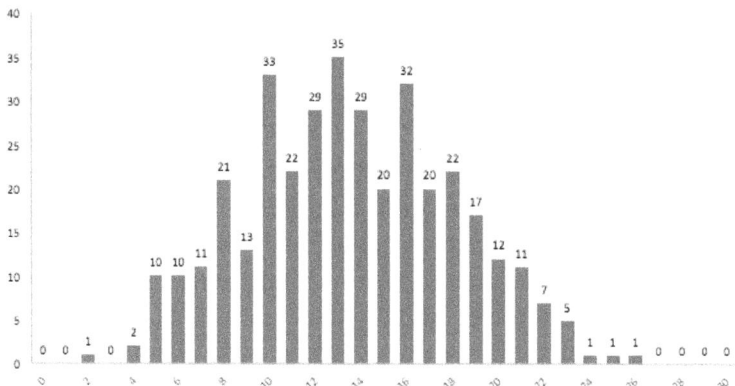

Figuur 2.2: Histogram van aantal benodigde bedden bij een zorgeenheid gedurende een jaar

2.3 Univariate data en kentallen

Vaak is men echter geïnteresseerd in één of enkele getallen die de data karakteriseren. Hierbij geeft meestal één getal het "midden" van de getallen aan en een andere is een maat voor de spreiding. Het meest gebruikt is het *gemiddelde* van een verzameling data. Een nadeel van het gemiddelde is dat het gevoelig voor is extreme waardes ("uitbijters"): één of enkele uitbijters kunnen een grote invloed hebben op het gemiddelde. Vaak willen we de invloed van de uitbijters verwaarlozen, maar in sommige gevallen is het juist essentieel de uitbijters in de analyse mee te nemen. De "lange liggers of verblijvers" op een zorgafdeling nemen een groot deel van de capaciteit in beslag. Niet het gemiddelde nemen maar de uitbijters weglaten in een analyse naar capaciteitsgebruik zou verkeerde resultaten opleveren. In sommige gevallen is dit echter wel wenselijk of zelfs noodzakelijk omdat de uitbijters verkeerd geregistreerde gegevens betreffen. Een voorbeeld is het aantal aankomsten bij een afdeling Pathologie of het aantal contactmomenten met bewoners in een verzorgingshuis: men is geïnteresseerd in een gemiddelde dag en niet in de uitzonderingen die vaak ook een speciale (en vooraf bekende) oorzaak hebben. Een methode is de laagste en hoogste n waardes weglaten, het zogenaamd getrimd gemiddelde. Een andere methode is de mediaan nemen, de middelste waarde van de data. Een laatste methode, die minder wordt gebruikt, is het nemen van de modus: de meest voorkomende waarde.

In Excel kunnen met behulp van ingebouwde functies snel deze getallen berekend worden. De macros heten in het Engels AVERAGE, MEDIAN, TRIMMEAN, en MODUS, in het Nederlands GEMIDDELDE, MEDIAAN, GETRIMD.GEM en MODUS. Voor bovenstaande dataset van Figuur 2.2 geldt dat het gemiddelde gelijk is aan 13.56, mediaan en modus zijn gelijk aan 13. Omdat er geen grote uitschieters zijn en het histogram redelijk symmetrisch is, zien we dat het gemiddelde en de mediaan hier redelijk dicht bij elkaar liggen. Het getrimd gemiddelde is afhankelijk van het aantal getallen dat we weglaten maar verschuift van gemiddelde naar mediaan naarmate we meer getallen weglaten.

De meest bekende maat voor de spreiding is de standaarddeviatie. Het berekenen van de standaarddeviatie vereist wat wiskundige kennis (of het gebruik van een hulpmiddel als Excel met de macro STDEV): het is de wortel van het gemiddelde van de kwadraten van de afwijkingen van het gemiddelde. Indien men niet de wortel neemt spreekt men van de variantie; de variantie is dus de gemiddelde kwadratische afwijking van het gemid-

Hoofdstuk 2 — Data analyse

delde en is daarmee het kwadraat van de standaarddeviatie. Voor de dataset van Figuur 2.2 geldt dat de standaarddeviatie gelijk is aan 4.54 en de variantie gelijk is aan 20.64. Een andere mogelijkheid, die conceptueel wat eenvoudiger is, is het meten van de gemiddelde absolute afwijking van het gemiddelde. In Tabel 2.1 zijn deze concepten aan de hand van enkele getallen (de reeks 1, 3, 5, 7 en 4) toegelicht. Rechtsonder in Tabel 2.1 is de gemiddelde kwadratische afwijking te vinden, ofwel de variantie; deze is in dit voorbeeld gelijk aan 4. De wortel daarvan, 2, is de standaarddeviatie. Merk op dat de standaarddeviatie daarmee dus niet gelijk is aan de absolute afwijking, welke 1.6 is in dit voorbeeld.

De standaarddeviatie is de meest natuurlijke maat voor spreiding. Aan de hand van een rekenvoorbeeld is deze maat lastig te interpreteren; meer intuïtie voor de standaarddeviatie kan worden gegeven aan de hand van de normale verdeling. Deze verdeling, en de rol van standaarddeviatie, komt in paragraaf 3.1 aan de orde.

	waardes	afwijking t.o.v. gemiddelde	absolute afwijking	kwadratische afwijking
	1	−3	3	9
	3	−1	1	1
	5	1	1	1
	7	3	3	9
	4	0	0	0
gemiddelde	4	0	**1.6**	**4**

Tabel 2.1: Rekenvoorbeeld voor gemiddelde, gemiddelde absolute afwijking en variantie (uitkomsten zijn dikgedrukt)

Een geheel andere methode die zeer aansprekende resultaten oplevert, is het nemen van percentielen. Vaak wordt het 10% en 90% percentiel genomen, gedefinieerd als de punten waar 10% respectievelijk 90% een lagere waarde heeft. In feite is de mediaan het 50% percentiel. Bij de eerder gebruikte dataset ligt het 10% percentiel op 8 en het 90% percentiel op 20, d.w.z. 10% van de data is kleiner of gelijk aan 8, en 90% van de data is kleiner of gelijk aan 20, m.a.w. 10% is groter dan 20. Soms worden van een verzameling data ook minimum en maximum berekend. Dit is echter onverstandig: hoe meer getallen, hoe aannemelijker het is dat de minima en maxima ver uit elkaar liggen. In de regel zoeken we naar grootheden die niet te zeer door de hoeveelheid data worden beïnvloed. Minimum en maximum komen dan niet in aanmerking.

Oefening In de file zorgduren.xls[2] zijn 2 tabbladen met zorgduren van verschillende zorgeenheden.
a. Maak histogrammen van beide dataverzamelingen.
b. Bereken gemiddelde, standaarddeviatie, enz. van beide dataverzamelingen.
De volgende opgaven zijn ter verdieping en vereisen meer inzicht en meer kennis van Excel.
c. Sorteer de patiënten/cliënten op oplopende zorgduur en bepaal van elke patiënt/cliënt de fractie van de totale zorgduur die hij/zij heeft gebruikt.
d. Bepaal de partiële sommen, d.w.z., bepaal voor elke patiënt/cliënt welke fractie van de totale zorgvraag patiënten/cliënten met een lagere of gelijke zorgduur hebben gebruikt.
e. Gebruik deze gegevens om een grafiek te maken met horizontaal de fractie van het aantal patiënten en verticaal de door hen gebruikte fractie van de totale zorgduur.
Een dergelijke grafiek heet een Lorenz-curve. Hoe meer spreiding, hoe "dieper" de curve. Dit soort grafieken wordt veel in de economie gebruikt om de inkomensverdeling in een land weer te geven.

2.4 Tijdreeksen

Tijdsreeksen vereisen een aparte analyse. Bij tijdsreeksen waarbij menselijk handelen een rol speelt, zoals zorgprocessen, is er vaak sprake van seizoensinvloeden en cycli. Zo zijn er in veel zorginstellingen minder opnames in het weekend, is het aantal behandelingen lager in de zomer, is het aantal spoedopnames 's nachts lager dan overdag, enzovoorts. Het beschrijven van deze fluctuaties is belangrijk, zowel om knelpunten te identificeren als om later in staat te zijn de toekomst te voorspellen. In de eerder gebruikte data blijkt er een duidelijke wekelijkse cyclus te zijn. We zien in Figuur 2.3 dat dinsdag de drukste dag is, zaterdag de rustigste.

Soms is het interessant om nog dieper te gaan dan het dagniveau, bijvoorbeeld bij de aankomsten van een SEH, zie Figuur 4.4, of bij de 24-uurs zorg op afroep waar het dag/nachtritme een belangrijke rol speelt.

Aan het hand van het weekritme kunnen we nu de volgende stap doen: de weekinvloed uit de data halen. Dit doen we door het getal voor elke dag door het daggemiddelde te delen. Zo is de gemiddelde zorgvraag 13.6

---
[2]Alle documenten zijn te downloaden van www.mm-zorglogistiek.nl

Hoofdstuk 2 — Data analyse

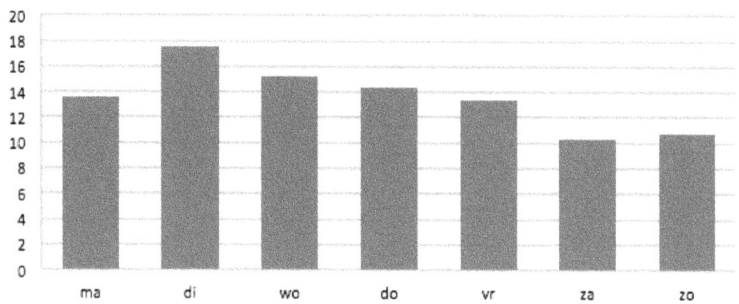

Figuur 2.3: Gemiddelde zorgvraag per dag

op maandag. Door alle maandagen door 13.6 te delen komt de maandag gemiddeld op 1. Door dit te doen voor elke dag is de weekinvloed verwijderd. We krijgen dan Figuur 2.4. Het is nu veel eenvoudiger om andere factoren (zoals trend en seizoensinvloeden) te onderzoeken. Een andere methode om het weekpatroon te vermijden is door te kijken naar de zorgvraag per week.

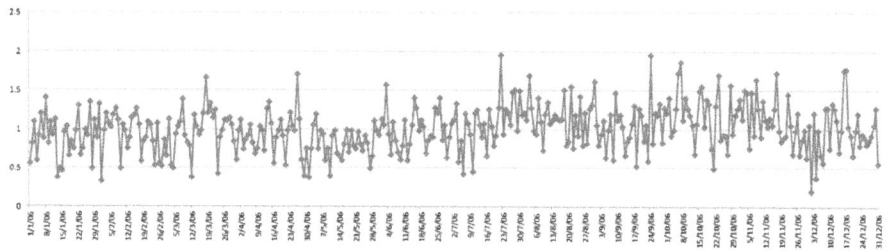

Figuur 2.4: Zorgaanbod zonder weekinvloeden gedurende een jaar

Ook in deze grafiek zijn nog veel fluctuaties te vinden. De volgende effecten spelen nog een rol: toeval, bijzondere gebeurtenissen, seizoensinvloeden, trend. Toeval en bijzondere gebeurtenissen (zoals feestdagen) veroorzaken de korte-termijn fluctuaties. Het seizoen is de jaarlijkse cyclus, de trend is de cyclus-overstijgende dalende of stijgende tendens. Het lijkt alsof kwartaal 3 iets hoger ligt dan de rest van het jaar en het feit dat begin en eind van het jaar ongeveer gelijk zijn suggereert de afwezigheid van trend. Om dit goed te kunnen onderzoeken hebben we meer dan 1 jaar data nodig. In Figuur 2.5 staat data van twee jaren, per week gesommeerd.

We constateren dat de een niet systematisch boven de ander ligt: er is geen sprake van een trend, en de seizoenseffecten bestaan inderdaad uit een

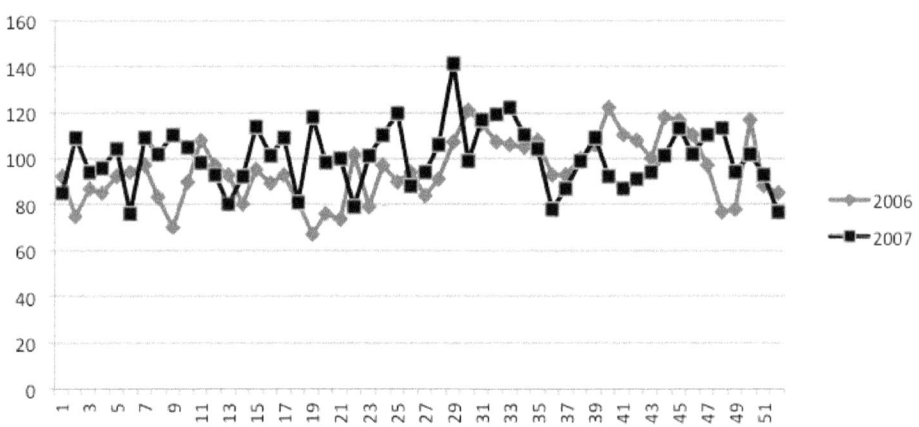

Figuur 2.5: Zorgvraag per week gedurende twee jaar

dip rond de kerst en hogere waardes aan het begin van het derde kwartaal.

Oefening In de file aankomsten.xls staan het aantal aankomsten bij een poliklinische afdeling over 2008 en een deel van 2009. Regelmatig staan er nullen doordeweeks: dit betreft feestdagen. Bepaal het wekelijks patroon en haal de wekelijkse invloed uit de data. Is er sprake van seizoensinvloeden en trend? Hoe zou je deze toepassing kunnen gebruiken in de care-sector? Bespreek uw antwoorden met medestudenten.

2.5 Multivariate data

Er is sprake van multivariate data als er per patiënt sprake is van meer dan een gegeven of attribuut. Dus niet alleen lig- of verblijfsduur, maar bijvoorbeeld ook leeftijd en/of andere kenmerken. We hebben al kennisgemaakt met een speciaal geval van multivariate data, waar een van de attributen de tijd is: tijdreeksen. Bij multivariate data zijn we vaak geïnteresseerd in het verband tussen de verschillende variabelen: bijvoorbeeld gaat een hogere leeftijd gemiddeld samen met een langere lig- of verblijfsduur? Eerder zagen we al de relatie tussen de dag van de week en de zorgvraag.

In sommige gevallen kunnen we het verband tussen twee variabelen uitrekenen. Dit is het geval als er sprake is van kwantitatieve data zoals lig- of verblijfsduren. Kwalitatieve data zoals de dagen van de week of het geslacht van personen komen hier niet voor in aanmerking. De correlatiecoëfficiënt geeft aan in hoeverre de datapunten op een rechte lijn liggen, dat wil zeggen, in hoeverre er sprake is van een lineair verband. Indien alle punten exact op een rechte liggen is de correlatiecoëfficiënt -1 of 1, als er geen lineair verband is 0. Enkele voorbeelden voor de correlatie tussen twee variabelen staan in Figuur 2.6; er is hier sprake van een zeer sterke positieve, 0.99 en 0.95, en negatieve, -0.99, correlatie en een situatie waarin de twee variabelen vrijwel onafhankelijk of ongecorreleerd zijn, 0.01. Merk op dat de correlatiecoëfficiënt alleen rechtlijnige verbanden constateert; een U-vormig verband leidt tot een lage correlatiecoëfficiënt. Het is ook mogelijk om een dergelijk verband te beschrijven, maar dan dient men eerst een transformatie toe te passen. Het zou hier te ver gaan daarop in te gaan.

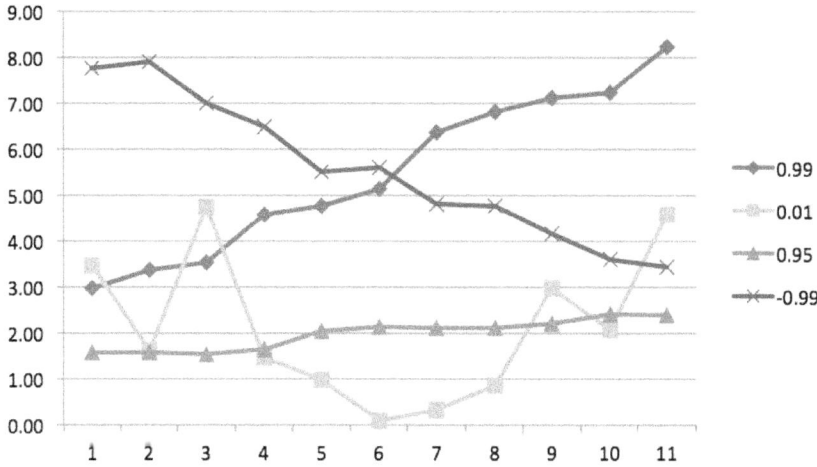

Figuur 2.6: Enkele kleine datasets met hun correlatiecoëfficiënten

De correlatiecoëfficiënt is onder Excel te vinden onder CORREL(). Indien de correlatie relatief hoog of laag (dicht bij 1 of −1) is het interessant de lijn te bepalen die het dichtst bij de punten ligt. Het bepalen van een dergelijke lijn noemen we *lineaire regressie*. Deze kwantificeert dan in belangrijke mate de relatie tussen de variabele op de horizontale as, de onafhankelijke of *verklarende* variabele, en de variabele op de verticale as, de *afhankelijke* variabele. De waarde op de horizontale as verklaart de waarde op de verticale as, die daarmee afhangt van de waarde op de horizontale as. Excel helpt ons weer met het vinden van de regressielijn met de functies INTERCEPT() en SLOPE(), SNIJPUNT() en RICHTING() in het Nederlands. INTERCEPT geeft het punt aan waar de lijn de verticale as kruist, SLOPE geeft de richting aan van de lijn. In Figuur 2.7 staat de regressielijn aangegeven voor een van de datasets van de voorgaande grafiek.

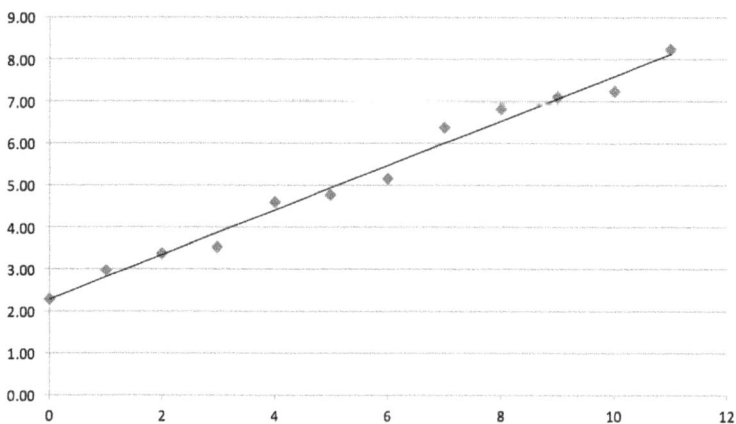

Figuur 2.7: Enkele kleine datasets met hun correlatiecoëfficiënten

In dit geval gaf INTERCEPT als waarde 2.28, en SLOPE 0.53. 2.28 is inderdaad het punt waar de regressielijn de verticale as snijdt; 0.53 is de toename van de regressielijn per eenheid op de horizontale lijn. Bij waarde 10 op de horizontale as verwachten we bij de regressielijn dus een waarde van $2.28 + 10 \times 0.53 = 7.38$, hetgeen we terugvinden in de grafiek.

In het volgende hoofdstuk over statistiek gaan we verder in op het nut van het bepalen van regressielijnen. Lineaire regressie in een variabele zoals hier besproken is slechts een eerste stap in de analyse van correlaties in data.

Oefening *Beschouw de data in leeftijden-duren.xls waarin zorgduren en leeftijden van patiënten/cliënten te vinden zijn. Voor studenten die minder bekend zijn met de mogelijkheden van Excel is het aan te raden eerst Bijlage A door te werken.*
a. Bereken per leeftijd het aantal patiënten, de gemiddelde zorgduur en de standaarddeviatie.
b. Maak een grafiek van de gemiddeldes en verklaar de fluctuaties bij (zeer) hoge leeftijden.
c. Maak een lineaire benadering voor zorgduren voor de groep tot 40 jaar en de groep ouder dan 40 jaar.
De volgende vraag is ter verdieping.
d. Doe hetzelfde als bij c, maar nu uitgaande van de originele data. Verklaar het verschil.

2.6 Verder lezen

Uiteraard zijn boeken over data analyse en statistiek een goede bron voor verdere informatie, maar tegenwoordig is er ook een schat van informatie op het internet te vinden. Met name wikipedia is een uitstekende bron. Enkele voor dit hoofdstuk relevante pagina's zijn:

- nl.wikipedia.org/wiki/Lorenz-curve over Lorenz curves;
- en.wikipedia.org/wiki/Data_transformation_(statistics) over data transformaties bij multivariate data;
- en.wikipedia.org/wiki/Regression_analysis over lineaire regressie.

Vaak is informatie zowel in het Nederlands als in het Engels te vinden. De Engelstalige pagina is vaak uitgebreider.

Hoofdstuk 3

Statistiek

De uitkomsten van data-analyses worden vaak gebruikt om uitspraken te doen die verder gaan dan de geanalyseerde data. Het kan zijn dat de gegevens van een deel van de patiënten/cliënten zijn geanalyseerd, en dat men uitspraken wil doen over de gehele populatie, of dat men op basis van huidige patiënten/cliënten iets wil zeggen over de toekomst. Om dit te kunnen veronderstelt men (vaak impliciet) dat de geanalyseerde data representatief is voor het geheel. Het doen van verantwoorde uitspraken over een onbekende grootheid aan de hand van representatieve data heet statistiek. In het algemeen kan men zeggen: hoe meer gegevens en hoe lager de variantie van de steekproef (de steekproefvariantie), des te dichter ligt een schatting als het steekproefgemiddelde bij de werkelijke waarde.

Binnen de statistiek in bredere zin worden vaak een aantal deelgebieden onderscheiden, waaronder de beschrijvende statistiek, de kansrekening en de verklarende, of inductieve, statistiek. De beschrijvende statistiek richt zich op het vastleggen en presenteren van gegevens om daarmee overzicht te verschaffen; dit was het onderwerp van Hoofdstuk 2. Enige relevante begrippen uit de kansrekening zijn in dit hoofdstuk te vinden, waarbij de normale verdeling een cruciale rol speelt. De verklarende statistiek kwam in de vorige alinea reeds aan de orde; een substantieel deel betreft hierbij het toetsen van hypotheses zoals veel aan de orde is bij het opzetten van clinical trials, zie kader. Bij procesanalyse speelt statistisch toetsen een minder grote rol. Enkele voor procesoptimalisatie relevantere statistische onderwerpen komen in dit hoofdstuk ter sprake.

Voorbeeld *Een ziekenhuis wil capaciteit op de CT-scan beschikbaar houden voor spoedpatiënten. De vraag is hoe veel slots dit moet zijn? Enerzijds wil men vol-*

doende slots reserveren zodat het zelden (d.w.z., in niet meer dan 5% van de gevallen) voorkomt dat er niet voldoende slots zijn, anderzijds wil men de CT-scan goed benutten en de kans zo klein mogelijk houden dat er slots onbenut blijven. Men heeft data betreffende de vraag naar spoedscans. Maar hoe kan men het beste het aantal te reserveren slots berekenen?

Voorbeeld In een verpleeghuis wordt op basis van een ruwe analyse over de afgelopen jaren, opgemerkt dat het aantal PG-cliënten dat met spoed moet worden opgenomen, vanwege een onhoudbare thuissituatie, de laatste jaren is toegenomen. Steeds vaker moet nee verkocht worden bij de vraag om een dergelijke opname. Om de geldverstrekker te overtuigen van de noodzaak tot het creëren van een spoedvoorziening, wil men inzicht hebben in wanneer, hoeveel extra verblijfscapaciteit nodig is om in deze vraag te kunnen voorzien. Welke berekeningen kan men hiervoor gebruiken?

Toetsen van hypotheses

Een belangrijk deel van de statistiek betreft het toetsen van hypotheses. Dit is bijvoorbeeld relevant voor geneeskundig onderzoek, waar vaak verschillende behandelmethodes met elkaar worden vergeleken. Dit doet men door patiënten willekeurig in twee groepen in te delen, elke groep te behandelen met een methode, en daarna de resultaten te vergelijken. Dit is minder eenvoudig dan het op het eerste gezicht lijkt, want als een bepaalde methode (laten we zeggen methode A) betere resultaten geeft dan een andere (B) voor een zekere groep patiënten, betekent dat niet altijd dat methode A ook beter dan methode B is. De afwijking in de steekproef kan samenhangen met de opzet van de steekproef (bijvoorbeeld de selectie van de patiënten) of simpelweg met toeval. Een substantieel deel van de statistiek behandelt het opzetten en uitvoeren van deze zogenaamde clinical trials.

3.1 De normale verdeling

Statistisch worden data vaak gezien als realisaties van een onderliggende, onbekende grootheid. Een klasse van grootheden verdient bijzondere aandacht: de Gaussische of normale verdeling. Deze verdeling wordt gekenmerkt door een histogram die de vorm heeft van een klok. De exacte vorm wordt vastgelegd door twee parameters: het gemiddelde en de standaarddeviatie. In Figuur 3.1 staat een histogram met de theoretische verdeling en 1000 trekkingen uit een normale verdeling met gemiddelde 30 en standaarddeviatie 5. De pieken die er voor zorgen dat het staafdiagram niet mooi glad is (zoals bij 35) komen door toeval. 1000 andere trekkingen zouden tot andere onregelmatigheden leiden. Naarmate er meer trekkingen worden gedaan verdwijnen langzaamaan de onregelmatigheden en gaat het staafdiagram meer en meer lijken op de klokcurve van de theoretische verdeling.

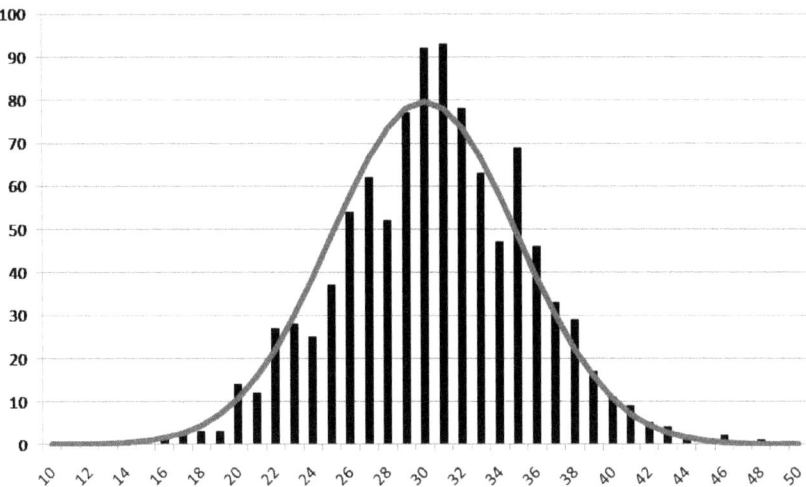

Figuur 3.1: Histogram met 1000 trekkingen uit een normale verdeling (staafjes) en de theoretische verdeling (doorgetrokken lijn)

Net zoals we voor een dataverzameling gemiddelde en standaarddeviatie uit kunnen rekenen, kunnen we dat ook voor de normale verdeling. Het gemiddelde ligt bij het hoogste punt (30 in de grafiek), de standaarddeviatie bepaalt de breedte van de grafiek. Een standaarddeviatie van 5 (zoals in bovenstaande grafiek) betekent dat 68% van alle trekkingen binnen 5 onder en boven het gemiddelde zullen vallen, in de grafiek dus in het gebied tussen 25 en 35, zie ook het kader.

Voorbeeld *In de dataset van Figuur 2.2 is het gemiddelde 13.56 en de standaarddeviatie 4.54. Dit houdt in dat in grofweg 2 op de 3 dagen de zorgvraag zal zitten in het interval [13.56 - 4.54, 13.56 + 4.54] ≈ [9, 18]. Dit is ook op te maken uit Figuur 2.2 en geeft enig gevoel voor de mate van spreiding. Uitzonderlijk (2.5% van de dagen) zijn waarden boven 13.56 + 2 x 4.54 = 22.65. Een zorgvraag van 23 of hoger is dus ongebruikelijk, maar komt nog steeds ongeveer 1 op de 40 dagen voor.*

> **Normale verdeling en standaarddeviatie**
> Bij een normale verdeling is de standaarddeviatie goed te interpreteren. Dit kan aan de hand van de volgende regels (met gem = gemiddelde en st.dev. = standaarddeviatie):
>
> **68%** valt binnen het interval: [gem - **1** x st.dev. , gem + **1** x st.dev.]
> **95%** valt binnen het interval: [gem - **2** x st.dev. , gem + **2** x st.dev.]
>
> De standaarddeviatie geeft daarmee dus een bandbreedte waarbinnen fluctuaties gebruikelijk zijn. Ongeveer in 2/3 van de gevallen wijken de waarden niet meer dan 1 maal de standaarddeviatie af van het gemiddelde, maar afwijkingen van meer dan 1 standaarddeviatie zijn ook niet geheel ongebruikelijk (1 op de 3). Afwijkingen van meer dan 2 maal de standaarddeviatie zouden als ongebruikelijk geclassificeerd kunnen worden, aangezien dit maar in 5% van de gevallen voorkomt. Omdat de normale verdeling symmetrisch is volgt dat de kansmassa buiten dit interval gelijk verdeeld is over de linker- en rechterkant. Daarmee geldt ook het volgende
>
> **16%** zit boven: gem + **1** x st.dev.
> **2.5%** zit boven: gem + **2** x st.dev.
>
> De bovenstaande regels zijn alleen van toepassing op de normale verdeling, maar kunnen meestal ook goed als vuistregel worden gebruikt wanneer het gaat om aantallen. Daarmee geeft de standaarddeviatie vaak een goed indruk van de mate van spreiding en een eerste inzicht in de benodigde capaciteit.

Oefening *Wekelijks dienen zich gemiddeld 25 nieuwe patiënten/cliënten aan van een bepaald type, met een standaarddeviatie van 5.*
a. Het aantal nieuwe patiënten deze week is 22. Is dit ongebruikelijk?
b. Het aantal nieuwe patiënten deze week is 12. Is dit ongebruikelijk? Is dit zorgwekkend?
c. Het aantal nieuwe patiënten is al drie weken gelijk aan 12. Is dit zorgwekkend?

Er zijn een aantal situaties in de praktijk waar de normale verdeling naar voren komt. We bespreken er twee die relevant zijn voor de zorg. De eerste hangt samen met de vraag naar een bepaald soort behandeling of ondersteuning. In de zorg dient vraag zich op twee wijzen aan: op afspraak of willekeurig, dus gepland of ongepland. Indien patiënten op afspraak komen, of geplande zorg ontvangen, hebben we het aantal precies in de hand (op no-shows na). Willekeurige aankomsten of ongeplande ondersteuningsactiviteiten vertonen fluctuaties die in hoge mate onvoorspelbaar zijn. Deze volgen de zogenaamde Poisson verdeling. De Poisson verdeling lijkt vanaf een gemiddelde van, zeg, 10 sterk op een naar het dichtstbijzijnde gehele getal afgeronde normale verdeling. De Poisson verdeling heeft de volgende bijzondere eigenschap: de variantie is gelijk aan het gemiddelde (ofwel: de standaarddeviatie is gelijk aan de wortel van het gemiddelde). In de praktijk ligt door fluctuaties in seizoen en week de variantie vaak wat hoger. Wanneer de variantie lager is, is er meestal sprake van (deels) planbare zorg. Het omgekeerde blijkt in de praktijk vaak niet op te gaan; (deels) planbare zorg leidt niet altijd tot de situatie dat de variantie lager is dan het gemiddelde.

Laten we als voorbeeld het aantal onderzoeken nemen bij een pathologie afdeling van een ziekenhuis. Het voorbeeld zou ook kunnen gaan over het aantal douchemomenten in een verzorgingshuis. Het histogram van een jaar data is te vinden in Figuur 3.2. De figuur ziet er redelijk symmetrisch als een klokcurve uit, dus er is geen reden aan te nemen dat het niet normaal verdeeld is. Het gemiddelde is 40.75. De wortel daarvan is 6.4, aanzienlijk minder dan 9.2, de standaarddeviatie van de data. Er is dus sprake van extra spreiding t.o.v. de Poisson verdeling.

Wanneer we (nogmaals) teruggrijpen op de dataset van Figuur 2.2 dan zagen we een gemiddelde van 13.56 en een standaarddeviatie van 4.54. De variantie is daarmee 4.54 x 4.54 = 20.64, wat aanzienlijk groter is dan het gemiddelde. In deze dataset is dus sprake van veel fluctuaties, meer nog dan te verwachten zou zijn voor ongeplande aankomsten.

De tweede eigenschap van de normale verdeling hangt samen met sommen van toevalsgrootheden en komt in het volgende hoofdstuk ter sprake.

Oefening   *Neem de dagtotalen uit aankomsten.xls, en plot deze per dag. Zou hier sprake kunnen zijn van normale verdelingen? Bereken de gemiddeldes en standaarddeviaties.*

Oefening   *Bekijk de datasets zorgduren.xls en leeftijd-duren.xls en maak histogrammen van de zorgduren. Is hier sprake van normale verdelingen?*

Om vast te kunnen stellen welke vorm een toevalsgrootheid heeft en welke parameters zoals gemiddelde en standaarddeviatie deze heeft moet men een data analyse uitvoeren. Geavanceerde statistische toetsen bestaan om bijvoorbeeld te beslissen om data van een normale verdeling afkomstig. Een histogram maken geeft vaak al veel inzicht: een eerste visuele analyse is de belangrijkste stap.

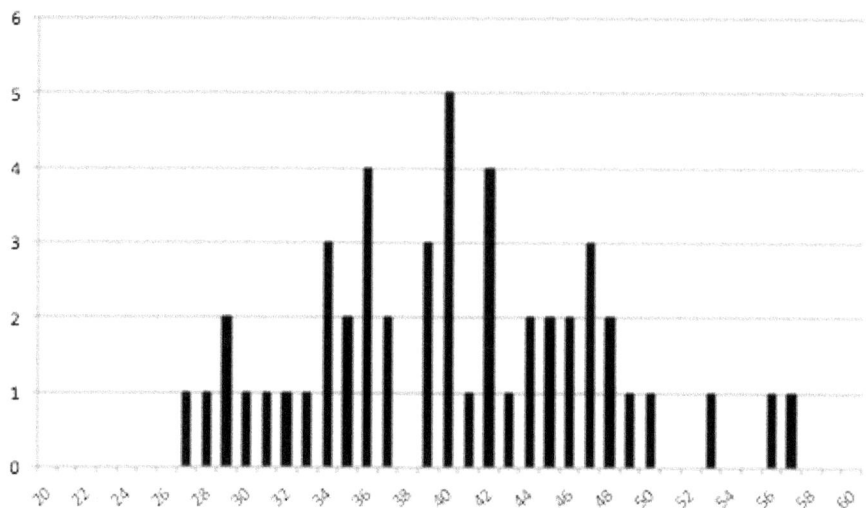

Figuur 3.2: Histogram van aantal onderzoeken op een bepaalde dag van de week

---

De lognormale verdeling

Wanneer men duren bestudeert, in de zorg en daarbuiten, dan blijken zij zelden normaal verdeeld te zijn. Een normale verdeling impliceert symmetrie, en dat is ook niet te verwachten: duren zijn vaak scheef, extreme waardes vinden we rechts van de meest voorkomende waardes en niet links, alleen al omdat negatieve waardes niet voor kunnen komen. Een verdeling die dan wel in aanmerking komt is de *lognormale verdeling*. In veel studies komt deze naar voren als een zeer goede benadering van de werkelijkheid, zie bijvoorbeeld hoofdstuk 2 van [15] waarin operatieduren worden bestudeerd. De lognormale verdeling is van de vorm e^X, met $e \approx 2.7$ een wiskundige constante, en X een normale verdeling. De naam lognormaal komt van het feit dat de logaritme van de lognormale verdeling normaal verdeeld is: als $Y = e^X$, dan $\log Y = X$. Een voorbeeld van de lognormale verdeling is te zien in Figuur 3.3.

3.2 Rekenen met toevalsgrootheden

In de vorige sectie hebben we kennisgemaakt met de normale verdeling en gezien hoe we de normale verdeling kunnen herkennen. We hebben ook geleerd dat de normale verdeling gekarakteriseerd wordt door twee getallen: gemiddelde en standaarddeviatie. Hoe kunnen we rekenen met de normale verdeling en andere verdelingen? Het volgende voorbeeld, vergelijkbaar met de casus aan het begin van dit hoofdstuk, zal dit duidelijker maken.

Hoofdstuk 3 — Statistiek

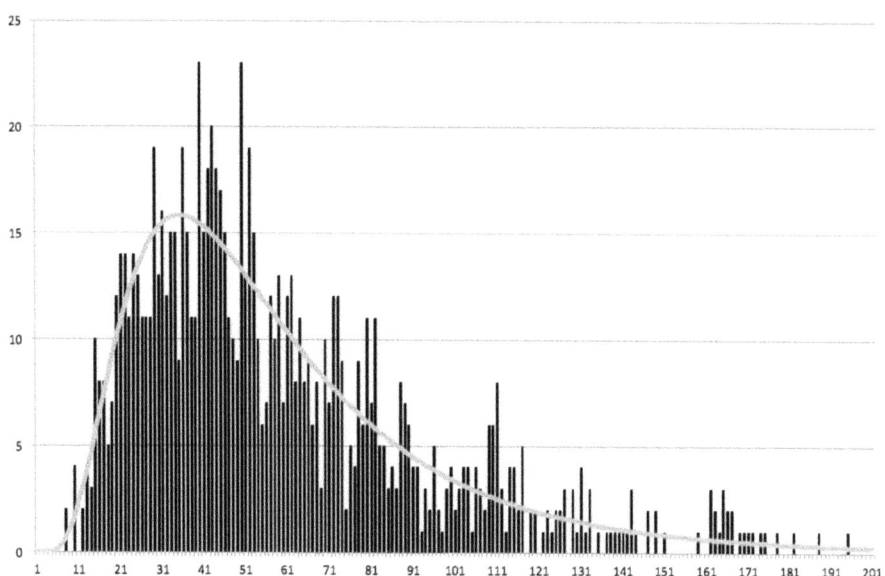

Figuur 3.3: 1000 trekkingen uit een lognormale verdeling met gemiddelde 60 en standaarddeviatie 40 (staafjes) en de theoretische verdeling (doorgetrokken lijn)

Voorbeeld *Voor een zorgpad wil men op de vaste wekelijkse dag dat de arts de patiënten ziet meteen de in veel gevallen voorgeschreven MRI uitvoeren. Daarvoor reserveert men een aantal slots. Hoeveel slots moet men reserveren zodat vraag en aanbod zoveel mogelijk in balans zijn? Gemiddeld schrijft de arts voor 4.8 patiënten een MRI scan voor. 5 Slots reserveren zou de fluctuaties in vraag negeren. Uit de data analyse blijken er weinig seizoensinvloeden te zijn. Vanuit theoretische overwegingen verwacht men dat de wekelijkse vraag Poisson verdeeld is; de standaarddeviatie (2.2) wijst daar inderdaad op. Nu kan uitgerekend worden wat de kans is, als er daadwerkelijk 5 slots gereserveerd worden, dat er meer dan 5 slots nodig zijn. Een histogram van de Poisson verdeling met gemiddelde 4.8 staat in Figuur 3.4.*

Uit bovenstaande grafiek zien we dat waardes van 6 en hoger vaak voorkomen: de kans van 6 en hoger is bij elkaar opgeteld 0.35. Dus in 35% van de gevallen, meer dan 1 op de 3 weken, is er dus een tekort aan slots. Dit pleit er voor meer slots te reserveren: bij 6 slots is de kans op een tekort al teruggebracht tot 21%. Hoe meer slots we reserveren, hoe kleiner de kans op een tekort. Echter, het aantal ongebruikte slots neemt ook toe: gemiddeld 0.97 bij 5 gereserveerde slots, naar 1.62 slots bij 6 reserveringen.

Oefening *Figuur 3.4 is gemaakt met de Excel functie POISSON, het eerste*

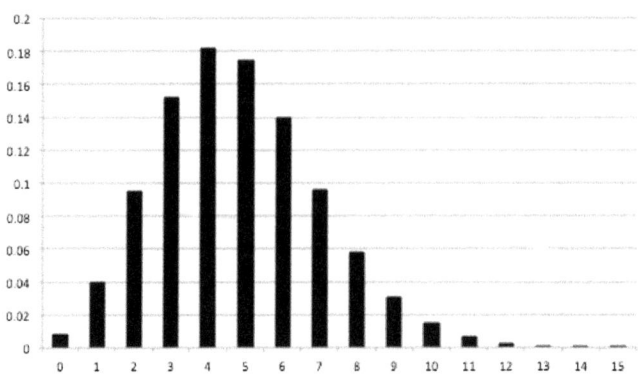

Figuur 3.4: Histogram van de Poissonverdeling met gemiddelde 4.8

getal is bijvoorbeeld verkregen met POISSON(0,4.8,FALSE) of, in het Nederlands, POISSON(0,4.8,ONWAAR).
a. Reproduceer de grafiek.
b. Bereken de kans op tekort voor verschillende aantallen gereserveerde slots.
c. Verdiepingsvraag: reproduceer het gemiddeld aantal ongebruikte slots en bereken het gemiddeld tekort. Merk op dat het gemiddeld tekort wat anders is dan de kans op tekort!

Bovenstaand voorbeeld laat goed zien hoe we de Poisson verdeling in de praktijk kunnen gebruiken. De normale verdeling kan op dezelfde wijze worden ingezet. De Excel functie NORMDIST, in de Nederlandse versie NORM.VERD, kan gebruikt worden om de percentielen uit te rekenen. Het is handig de percentielen uit het kader van de vorige paragraaf te onthouden, namelijk de kans dat de afwijking van het gemiddelde (naar boven en naar beneden) minder dan 1 maal (2 maal) de standaardafwijking is is 68% (95%).

Oefening Het aantal PG-cliënten dat voor een crisis-opname (per week) wordt aangemeld in een verpleeghuis is als volgt verdeeld.

Aanmeldingen crisis-opname	Kans
0	0,06
1	0,23
2	0,27
3	0,38
5	0,02
6	0,02
8	0,02

a. Maak op basis van bovenstaande gegevens zelf een vergelijkbaar histogram als Figuur 3.4.
b. Wat is het gemiddeld aantal crisis-aanmeldingen?
Het verpleeghuis wil met betrekking tot de crisis-opname in 94% van de gevallen over voldoende capaciteit beschikken.
c. Hoeveel verblijfscapaciteit moet het verpleeghuis per week reserveren om aan bovenstaande doelstelling te voldoen?

Net zoals we getallen op willen kunnen tellen, willen we ook toevalsvariabelen bij elkaar op kunnen tellen, om dan bijvoorbeeld de percentielen van de som uit te kunnen rekenen. Een goed voorbeeld is de lengte van een OK sessie of van een zorgroute.

Voorbeeld *Voor een OK sessie zijn een aantal operaties ingepland. Van de operaties zijn betrouwbare schattingen van gemiddelde lengte en standaarddeviatie bekend. Voor de gehele sessie is een tijdsblok van 08.00 tot 15.30 uur gereserveerd. Men is geïnteresseerd in de kans dat de OK sessie uitloopt tot na 15.30 uur.*

Voorbeeld *In een zorgroute in een verpleeghuis zijn een aantal zorgactiviteiten ingepland. Per zorgactiviteit is een betrouwbare schatting van de gemiddelde duur in de vorm van normtijden bekend. Ook de standaarddeviaties zijn bekend. Voor de zorgroute is een tijdsblok van 07.00 tot 11.00 uur gereserveerd. Men is geïnteresseerd in de kans dat de zorgroute uitloopt tot na 11.00 uur.*

De volgende rekenregels zijn er voor sommen van toevalsgrootheden: gemiddeldes mogen worden opgeteld, niet de standaarddeviaties, maar wel de varianties. Laten we dit toelichten aan de hand van een voorbeeld. Neem aan dat een verrichting, of behandeling, gemiddeld 50 minuten in beslag neemt met een standaarddeviatie van 10 minuten. Als er twee verrichtingen zijn, dan is het gemiddelde van de som (uiteraard) 2 x 50 = 100. Voor de fluctuaties nemen we de som van de varianties $10^2 + 10^2 = 200$, en de standaarddeviatie van de som is dus $\sqrt{200} = 14.14$. We zien dus dat de standaarddeviatie relatief gezien afneemt: de standaarddeviatie van de som is minder dan de som van de standaarddeviaties.

Hetzelfde kunnen we doen voor de som meer dan 2 verrichtingen. Dit wordt weergegeven in Figuur 3.5; hierin is de absolute spreiding, de standaarddeviatie, en de relatieve spreiding, de standaarddeviatie gedeeld door het aantal verrichtingen, weergegeven van de som van 1, 2, 3, ..., 10 verrichtingen. De waarden van de absolute (ononderbroken lijn) en de relatieve (onderbroken lijn) zijn in dit verband minder belangrijk. Interessant is de vorm van de figuur. Deze geeft aan dat naarmate de schaalomvang groter wordt, de absolute spreiding stijgt, maar de relatieve spreiding afneemt. De relatieve spreiding daalt vooral in het begin snel; dit geeft goed de gevoeligheid weer van kleine eenheden voor fluctuaties. Bovenstaande geldt in het algemeen. Hoe lager de (relatieve) standaarddeviatie, hoe makkelijker het is vraag en aanbod af te stemmen. Anders gezegd: het vergroten van de schaal leidt tot een betere, efficiëntere, afstemming van vraag en aanbod. Schaalvoordelen zijn dus deels terug te voeren op eigenschappen van sommen van toevalsgrootheden.

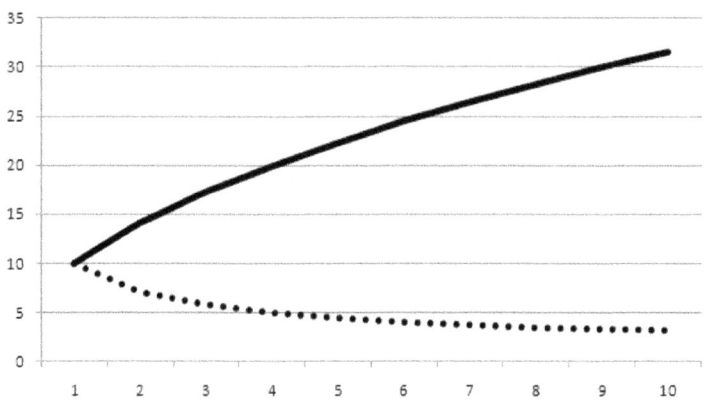

Figuur 3.5: Absolute (ononderbroken) en relatieve (onderbroken) spreiding als functie van de som van het aantal verrichtingen; horizontaal het aantal verrichtingen

Voor sommige soorten toevalsgrootheden zijn er nog meer eigenschappen bekend. Dit is ook het geval voor de normale en de Poisson verdeling. Er geldt namelijk dat sommen van normale en Poissonverdelingen weer normaal en Poisson verdeeld zijn. Voor de normale verdelingen gelden eigenschappen die nog sterker zijn, namelijk dat gemiddeldes (en ook sommen) van willekeurige verdeelde grootheden bij benadering normaal verdeeld zijn. Dit resultaat staat in de wiskunde bekend als de Centrale Limietstelling. In de zorg passen we dit bijvoorbeeld toe in het zojuist beschreven voorbeeld van lengtes van OK sessies of duur zorgroutes. Operatieduren of afzonderlijke zorgactiviteiten zijn in de regel niet normaal verdeeld, maar duren van de hele sessie of route kunnen vaak heel goed met een normale verdeling benaderd worden, vanwege de Centrale Limietstelling; zie ook paragraaf 4.1. Deze stelling vormt ook de grondslag van veel statistische methoden, zoals in paragraaf 3.4.

Hoofdstuk 3 — Statistiek

Oefening *De opvang van spoedpatiënten vindt op dit moment plaats op drie locaties. Het aantal aankomende spoedpatiënten is voor iedere locatie bij benadering normaal verdeeld met een gemiddelde van 9 en een standaarddeviatie van 3. Bij iedere locatie heeft men capaciteit om 12 spoedpatiënten per dag op te nemen.*
a. Wat is de kans dat er op een dag onvoldoende capaciteit is om alle spoedpatiënten op te nemen?
Men wil de spoedopvang op één locatie gaan organiseren.
b. Wat is de kans dat er op een dag onvoldoende capaciteit is om alle spoedpatiënten op te nemen indien de totale capaciteit gelijk blijft?
c. Hoeveel capaciteit kan men reduceren om het antwoord bij onderdeel a. te krijgen? Wat zouden daarvan risico's kunnen zijn?

3.3 Trekken uit toevalsgrootheden[1]

Een belangrijk nog te bespreken onderwerp is het in de computer kunnen nabootsen van al dan niet bestaande systemen, het zogenaamde simuleren; zie ook paragrafen 4.1 en 4.2. De basale stap in deze simulaties is het herhaaldelijk kunnen trekken uit toevalsgrootheden zoals zorgduren of aankomstmomenten, aangezien dit de bouwstenen van de simulaties van gehele systemen zijn. De stap die hier weer aan te grondslag is de functionaliteit van de meeste computertalen om een willekeurig getal tussen 0 en 1 te genereren. Excel heeft deze functionaliteit ook, middels de functie RAND() of ASELECT() in het Nederlands. Voor sommige verdelingen heeft Excel ook nog een functie die RAND vertaalt in een trekking uit die verdeling. Dit is onder andere het geval bij de normale verdeling: NORMINV(RAND(),30,10) of NORM.INV(ASELECT(),30,10) geeft een trekking uit een normale verdeling met gemiddelde 30 en standaarddeviatie 10. Ook voor andere verdelingen bestaan er soortgelijke functies, maar helaas niet voor de Poisson verdeling. Een oplossing is de Data Analysis add-in te gebruiken (keuze 'Random Number Generation'). Computerprogrammeurs kunnen de functie zelf programmeren.

Oefening *In de vorige paragraaf was sprake van een Poisson verdeelde vraag naar MRI slots. Herhaal onderdelen b en c van de bijbehorende opgave door een aantal trekkingen uit een Poisson verdeelde grootheid te doen. Neem hiervoor voldoende trekkingen, bijvoorbeeld 1000.*

---
[1]Deze paragraaf is minder gericht op logistiek inzicht; het doel is een aanzet te geven tot het uitvoeren van (eenvoudige) simulaties

Oefening Trek een aantal malen uit een normale verdeling, gebruikmakend van de Excel NORMINV functie. Gebruik dit om de percentielen op 1 en 2 standaarddeviaties van het gemiddelde te berekenen. Merk op dat met F9 we de hele sheet opnieuw doorrekenen. Gebruik F9 om de berekeningen een aantal malen overnieuw te doen.

3.4 Nauwkeurigheid en steekproefomvang

Bij het opzetten van een meting speelt nauwkeurigheid een belangrijke rol. Stel dat we de verblijftijd van 50 cliënten in een verzorgingshuis kennen. Met behulp van Excel kunnen we hieruit eenvoudig het gemiddelde berekenen. Vanwege de variatie zal de gemiddelde verblijftijd van de 50 cliënten (steekproefgemiddelde) niet overeenkomen met de werkelijk gemiddelde verblijftijd. Hoe minder data men heeft, hoe groter de mogelijke fout zal zijn. Aangezien metingen tijdrovend zijn, is er een spanningsveld tussen de nauwkeurigheid en de benodigde inzet in termen van geld en tijdsbesteding en duur van de meting. Vragen over de tijdspanne van een meting of het benodigde aantal datapunten (steekproefomvang) komen dan automatisch naar voren. Wanneer relevante logistieke data uit informatiesystemen kan worden gehaald, dan speelt nauwkeurigheid over het algemeen een minder belangrijke rol. Dit neemt niet weg dat data wel onbetrouwbaar kan zijn.

Allereerst dient opgemerkt te worden dat het bij het meten over een kortere tijdsperiode niet mogelijk is om seizoensinvloeden te ontdekken. Het aantal ambulanceritten en het aantal opnames op de SEH zijn vaak relatief hoog in november en relatief laag in augustus. Wanneer men slechts data heeft gedurende een maand, dan worden dergelijke patronen niet gevonden. Bovendien zorgen seizoensinvloeden ervoor dat er meer geschat dient te worden; we zijn nu bijvoorbeeld geïnteresseerd in het gemiddelde aantal ritten en opnames per maand in plaats van het gemiddelde aantal over een heel jaar. Bij tijdsafhankelijke patronen, of andere vormen van afhankelijkheid, zijn dus meer gegevens nodig dan wanneer deze patronen niet aanwezig zijn.

Laten we er vanuit gaan dat seizoensinvloeden niet van belang zijn en dat we geïnteresseerd zijn in een enkele grootheid. We kunnen hierbij denken aan de gemiddelde verblijftijd en de fractie cliënten met een vervolgtraject. Een belangrijke term uit de statistiek is de betrouwbaarheid. De betrouwbaarheid is de mate waarin de meetresultaten een afspiegeling zijn van de werkelijke waarde van de te meten variabele. Een veel gebruikte

Hoofdstuk 3 — Statistiek

waarde is 95%. Stel dat de steekproefomvang n is, ofwel we hebben n gegevens. De maximale afwijking tussen de waarneming uit de steekproef, zoals het steekproefgemiddelde, en de werkelijke waarde wordt dan bij benadering gegeven door

$$z\frac{\text{st.dev.}}{\sqrt{n}},$$

waarbij st.dev. de standaarddeviatie van de grootheid is en z een waarde die afhangt van de gekozen betrouwbaarheid; hoe hoger de betrouwbaarheid, hoe hoger de waarde van z en hoe groter de maximale fout. Als vuistregel wordt gebruikt dat deze benadering goed is wanneer het aantal waarnemingen niet te laag is, zeg tenminste 30 tot 50. Het getal z wordt bepaald door het kwantiel van de normale verdeling; bij een betrouwbaarheid van 95% is z gelijk aan 1.96. Uit de formule voor de maximale afwijking volgt ook direct dat de mogelijke afwijking kleiner wordt naarmate het aantal waarnemingen n groter is. Verder wordt ook de maximale afwijking groter wanneer we een variabele waarnemen met veel variatie (hoge standaarddeviatie). In sommige gevallen is de standaarddeviatie al bekend, bijvoorbeeld vanwege eerdere experimenten. Anders kan deze geschat worden door het bepalen van de standaarddeviatie van de n waarnemingen. Het invullen in bovenstaande formule geeft nu bij benadering de maximale afwijking. Deze maximale afwijking geeft men ook wel eens de meer intuïtieve naam van *foutmarge*.

Met het bovenstaande is het ook mogelijk terug te rekenen hoeveel waarnemingen nodig zijn om een bepaalde maximale afwijking te verkrijgen bij een gekozen betrouwbaarheid. Zo wordt het aantal waarnemingen bepaald door

$$\left(z\frac{\text{st.dev.}}{\text{afwijking}}\right)^2,$$

waarbij *afwijking* de maximale afwijking is. Uit de formule volgt direct dat naarmate de maximale afwijking kleiner is, het benodigde aantal waarneming stijgt. Vooral bij een zeer kleine afwijking zal het aantal extra gegevens snel toenemen, vanwege het kwadraat in de formule. Als de afwijking 1 cijfer achter de komma nauwkeuriger moet zijn, dan betekent dit een 10 keer zo kleine afwijking, en dus $10^2 = 100$ keer zoveel experimenten!

Voorbeeld *Bij een thuiszorginstelling werd de activiteit "hulp bij wassen" gemeten bij 50 cliënten. Met Excel rekende men na dat de gemiddelde duur 20 minuten was en de standaarddeviatie 15 minuten. De maximale afwijking tussen het gemeten gemiddelde en de werkelijk gemiddelde activiteitsduur, bij een betrouwbaar-*

Stoornis	Mannen		Vrouwen	
	%	95% BI	%	95% BI
ADHD	4.4	2.8 – 6.0	1.5	0.9 – 2.1
Gedragsstoornis	7.4	5.5 – 9.3	3.8	4.4 – 5.2

Tabel 3.1: Lifetime prevalentie van ADHD en gedragsstoornissen in % met 95% betrouwbaarheidsintervallen, bron: Trimbos instituut

heid van 95%, is $1.96 \times 15/\sqrt{50} \approx 4.2$ minuten. Ofwel, bij een betrouwbaarheid van 95%, ligt de gemiddelde duur van "hulp bij wassen" tussen de $20 - 4.2 = 15.8$ en $20 + 4.2 = 24.2$ minuten.

Deze gegevens vond men niet nauwkeurig genoeg en men besloot de meting voort te zetten. Hierbij kwam direct de vraag op tafel hoe lang nog gemeten diende te worden. Er werd in ieder geval overeen gekomen om een maximale afwijking van het gemeten gemiddelde ten opzichte van het werkelijk gemiddelde toe te staan van 2 minuten. Door gebruik te maken van de reeds geschatte standaarddeviatie van 15 minuten, werd het aantal benodigde gegevens geschat op $(1.96 \times 15/2) \times (1.96 \times 15/2) = 14.7 \times 14.7 = 216.09$. In totaal zijn dus 217 gegevens nodig, waardoor de activiteitsduur bij in ieder geval nog 167 cliënten gemeten dient te worden.

Oefening Beschouw het bovenstaande voorbeeld.
a. Reproduceer de bovengenoemde getallen in Excel.
b. Ga na wat het geschatte benodigde aantal waarnemingen zou zijn wanneer men een maximale afwijking van drie, één en een halve minuut wenselijk vindt.

Zoals aan het begin van dit hoofdstuk genoemd komt in veel statistische, vaak medische, onderzoeken het uitvoeren van steekproeven naar voren. Alhoewel deze onderzoeken meestal niet (veel) met procesverbeteringen te maken hebben, kunnen de uitkomsten wel op een zelfde wijze als hier beschreven worden geïnterpreteerd. Laten we als voorbeeld kijken naar wat lifetime prevalentie van ADHD en gedragsstoornissen uitgesplitst naar geslacht, zoals in Tabel 3.1 beschreven, afkomstig van het Trimbos instituut[2]. Naast het gemeten lifetime prevalentie van de stoornis, bijvoorbeeld van 4.4% voor ADHD bij mannen, is ook het 95% betrouwbaarheidsinterval (95% BI) weergegeven. Dit 95% BI is te vergelijkbaar met de maximale afwijking zoals hierboven beschreven, of de foutmarge in het geval van 95%

---
[2]R. de Graaf, M. ten Have & S. van Dorsselaer (2010). De psychische gezondheid van de Nederlandse bevolking NEMESIS-2: Opzet en eerste resultaten

Hoofdstuk 3 — Statistiek

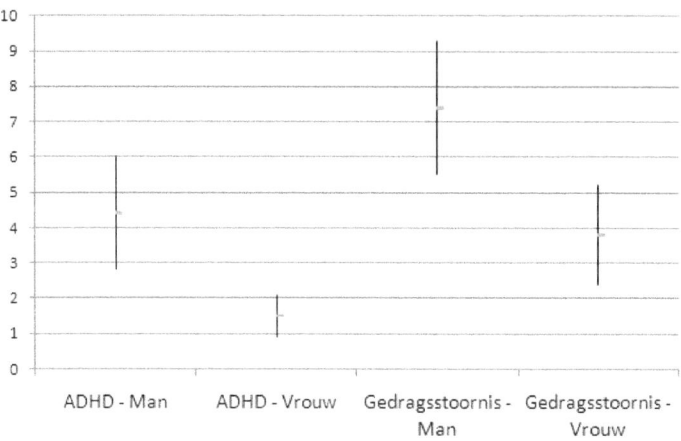

Figuur 3.6: Grafische weergave van Tabel 3.1

betrouwbaarheid. Bij een kleine BI zijn de conclusies dus betrouwbaarder. Figuur 3.6 is een grafische presentatie van Tabel 3.1 en maakt het concept van foutmarge inzichtelijker.

3.5 Voorspellen

In de voorgaande secties hebben we gezien hoe statistiek ingezet kan worden om uitspraken te doen over grootheden die zich nog moeten realiseren, op grond van representatieve informatie. In een zeker opzicht is er dus sprake van een voorspelling. Bij tijdsreeksen is men ook vaak geïnteresseerd in schattingen van toekomstige waardes. Hiervoor wordt ook vaak de Engelse term forecasting gebruikt.

De belangrijkste stap in forecasting is het analyseren van de historische data. Als eenmaal trend en seizoensinvloeden bepaald zijn kan de trend worden doorgetrokken en de seizoensinvloed weer worden ingebracht.

Een belangrijke vraag is hoe nauwkeurig de aldus verkregen forecast is. In veel situaties worden forecasts als waar aangenomen en elke afwijking wordt gezien als een fout. Echter, het is hoogst toevallig als een forecast precies goed is! Er zijn twee soorten afwijkingen: systematische afwijkingen en ruis. Er is sprake van een systematische afwijking als trend of seizoensinvloeden niet overeenkomen met de werkelijkheid en de forecast systematisch te hoog of te laag is. Ruis is het feit dat niet alle fluctuaties voorspelbaar zijn. Dit zagen we al eerder in Figuur 2.4: het verwijderen van seizoensinvloeden zorgt niet voor een volledig vlakke lijn, het is de ruis die overblijft. Bij korte-termijn forecasts kan men er van uitgaan dat trend en seizoen weinig veranderen, en dat de afwijking dus hoofdzakelijk bepaald wordt door de ruis. Soms kan de ruis verder worden gereduceerd door nieuwe verklarende factoren op te sporen zoals de invloed van feestdagen.

Op de langere termijn neemt de afwijking toe. De verklaring is een systematische fout die toeneemt in de tijd, omdat trend en in mindere mate seizoensinvloeden wijzigen na verloop van tijd. Om die redenen moet men bij het interpreteren van forecasts altijd uitgaan van een foutmarge. Deze foutmarge kan ook gekwantificeerd worden, met name als het gaat om de ruis. Dit is zeer belangrijk voor de korte-termijn forecasts die vaak voor operationele doeleinden worden gebruikt. Aangezien de afwijking bij langere termijn voornamelijk bepaald wordt door wijzigingen in trend, is deze wijze van onder- en bovengrenzen schatten minder geschikt. Wat voor de langere termijn (meerdere jaren of zelfs decennia) geschikter is, is het analyseren van verschillende scenario's. In alle gevallen dient men zich te realiseren dat lange-termijn forecasts vaak zeer onbetrouwbaar zijn.

We hebben zojuist een eenvoudige wiskundige methode voor forecasting besproken waarbij we expliciet seizoensfactoren en trend bepalen. Er bestaan ook geavanceerdere methoden, maar deze blijken in de praktijk nauwelijks beter te werken, en zij missen het voordeel van transparantie van de eenvoudiger methodes. In veel situaties worden forecasts gemaakt op basis van menselijk inschattingsvermogen, zonder hulp van wiskundige methodes. Onderzoek naar de kwaliteit van forecastingmethodes laat zien dat dit vaak slechtere resultaat geeft dan puur objectieve wiskundige methodes. Een van de redenen is dat mensen verschillende biases hebben, waaronder de neiging forecasts te maken op basis van wat wenselijk is en minder op wat werkelijk te verwachten is.

Oefening *Beschouw de oefening over tijdsreeksen van paragraaf 2.3.*
a. Bepaal een forecast voor de rest van 2009.
b. Verdiepingsvraag: Geef onder- en bovengrenzen waarbinnen de voorspelde waardes zich (bij gelijkblijvende trend) met 95% betrouwbaarheid zal bevinden.
c. Geef een forecast op kwartaalniveau voor 2010 t/m 2020. Is dit een realistische forecast? Bespreek uw antwoord met medestudenten.

Hoofdstuk 3 — Statistiek

> **Forecasts en interne factoren**
> Forecasts maakt men vaak in de regel voor externe factoren, zoals klantvraag. In zorginstellingen bekijkt men vaak of de productie uitkomt op de geplande/voorspelde waarde. Ook hierin zien we seizoensinvloeden, en veel managers maken zich zorgen over de productie als deze rond de zomer achterblijft bij een lineaire planning. Dit zou vermeden kunnen worden als er in de productieplanning ook rekening werd gehouden met seizoensinvloeden. Daarnaast moet opgemerkt dat forecasting niet de aangewezen techniek is in deze situatie: niet alleen de vraag maar ook vele interne, beïnvloedbare factoren spelen een rol bij de productie. Dit geeft de mogelijkheid om al dan niet bewust bij te sturen.

3.6 Scenario-analyse

Het doel van zorglogistiek is het verbeteren van de prestaties van zorgprocessen. Soms volstaat het om aankomstprocessen of zorgduren te analyseren. Vaak echter is het wenselijk om de prestaties van soms zeer complexe processen te kunnen voorspellen om zo ideeën ter verbetering te evalueren. Dit voorkomt dure implementaties van nieuwe manieren van werken die bij nader inzien niet presteren zoals gehoopt. Scenario-analyse stelt ons hiertoe in staat. Het biedt ook een belangrijke objectieve en kwantitatieve ondersteuning voor strategische capaciteitsbeslissingen. De consequenties van verschillende logistieke investeringsbeslissingen kunnen vooraf worden doorgerekend en ingeschat. Tevens kunnen lange termijn ontwikkelingen in de zorg in de scenario's worden verwerkt.

Voorbeeld *Bij verpleeghuis "Sterk in Zorg" komen steeds meer cliënten die zorg behoeven. Vanwege deze aanhoudende groei in vraag wil men een vleugel van het verpleeghuis verbouwen. Er is nog onduidelijkheid over het aantal verdiepingen, de indeling en het aantal kamers op de nieuwe vleugel. Om de capaciteit juist in te schatten wordt een scenario-analyse uitgevoerd, waarmee het benodigde aantal kamers kan worden bepaald. Op basis van deze analyse worden de bouwplannen ontwikkeld.*

Voor het kwantitatief analyseren van processen bestaan verschillende methodes. Soms is het mogelijk een nieuwe manier van werken statistisch te analyseren, daaruit conclusies te trekken voor een betere manier van werken en dit ook aannemelijk te maken.

Voorbeeld *Bij een polikliniek werden gedurende enige tijd wachttijden gemeten en ook andere factoren zoals het aantal zieke medewerkers, aantal artsen dat te laat* *startte, enzovoorts. Een statistische analyse liet zien dat de wachttijden sterk gecorreleerd waren met artsen die te laat begonnen. En men kon de reductie in wachttijd schatten indien dit niet meer het geval zou zijn. Nieuw beleid ten aanzien van het op tijd beginnen leidde inderdaad tot de gewenste effecten.*

Bij complexe processen schiet een statistische analyse vaak tekort. Zo is een statistische analyse vaak wel geschikt voor het schatten van het toekomstig aantal preparaten bij pathologie; de consequenties op de doorlooptijden zijn veel moeilijker statistisch te schatten. Hiervoor gebruiken we een andere methode, namelijk wiskundig modelleren. Een wiskundig model is een vereenvoudigde beschrijving van het werkelijk systeem op basis waarvan we uitspraken doen over de werkelijkheid. Typische componenten van een dergelijk systeem zijn aankomstprocessen, wachtrijen, verwerkingscapaciteiten van allerlei soorten, enzovoorts. Het inzetten van dit soort modellen voor het doorrekenen van verschillende scenario's noemen we wiskundig modelleren. Er bestaan verschillende soorten wiskundige modellen. Wachtrijsystemen zijn het meest relevant voor zorglogistiek. Ook zijn er verschillende manieren om wiskundige modellen en in het bijzonder wachtrijsystemen op te lossen. Voor de meest eenvoudige wachtrijsystemen bestaan er formules. Een algemene oplossingsmethode, die om die reden ook veel gebruikt wordt, is simulatie. In het volgend hoofdstuk gaan we in meer detail op simulatie en wachtrijmodellen in.

3.7 Verder lezen

Wikipedia is een prima bron om meer te leren over statistiek. Een voorbeeld is de volgende pagina:
- nl.wikipedia.org/wiki/Poissonverdeling over de Poisson verdeling.
Een laagdrempelig boek over (inductieve) statistiek is Bennett et al [1].

Een interessant boek met een kritische en deskundige blik op langetermijn forecasting is Makridakis [10].

Hoofdstuk 4

Modellen

Wiskundige modellen kunnen worden gebruikt in zorglogistiek voor het analyseren van processen, voor het maken van capaciteitsbeslissingen en voor het vinden van optimale planningsstrategieën.

Voorbeeld *Mevrouw de Boer heeft al tijden last van haar lies en bilstreek, waarbij de pijn steeds verder haar bovenbeen in trekt. Door de huisarts is zij verwezen naar de poli orthopedie. Zij is ruim op tijd voor haar afspraak van 10.00 uur, maar is uiteindelijk pas om 10.34 uur aan de beurt. Tijdens haar afspraak wordt besloten een foto te nemen van de heup. Het radiologisch onderzoek vindt op inloopbasis plaats, maar mevrouw de Boer heeft geluk en er kan direct een foto worden gemaakt. De heup blijkt versleten en er wordt besloten tot een operatie voor het plaatsen van een heupprothese. Er is een wachtlijst, dus ze kan pas 9 weken later terecht voor de geplande ingreep. De operatie zou op maandag plaatsvinden, maar vanwege uitloop van het dagprogramma van de OK wordt de operatie een dag uitgesteld. Mevrouw de Boer is erg tevreden over de zorg tijdens haar verblijf op de afdeling na afloop van de OK en de fysiotherapie verloopt voorspoedig. Op zaterdag zou zij naar huis mogen, maar vanwege de voor haar noodzakelijke thuiszorg gaat zij pas op maandag naar huis. Het herstel verloopt prima en na enige tijd is zij weer geheel op de been en de thuiszorg wordt gestopt.*

In bovenbeschreven voorbeeld maakt de patiënt gebruik van diverse soorten capaciteiten met eigen karakteristieken. In haar zorgproces zijn ook verschillende momenten en soorten van wachten te onderscheiden. Wachttijden en vertragingen in het zorgproces komen voort uit een (tijdelijk) tekort aan capaciteit; dit zijn perioden waarin vraag en aanbod niet geheel op elkaar zijn afgestemd. Vaak spelen fluctuaties en onzekerheid hierbij een rol. Wachttijden en behandelcapaciteit hangen dus op complexe manieren van elkaar af, in verbanden die statistisch vaak moeilijk te vinden zijn. Wiskundige modellen zijn dan nodig om de benodigde of gewenste capaciteit te bepalen.

Een wiskundig model is een wiskundige, kwantitatieve beschrijving van een al dan niet bestaand systeem of proces. Eenvoudige modellen kunnen worden gebruikt om bijvoorbeeld de duur van een OK-sessie te voorspellen, en bestaat dan in zijn eenvoudigste vorm uit de som van de operatieduren. Hiermee kan bijvoorbeeld de kans op een afgezegde OK worden bepaald. Complexere modellen bestaan uit vele componenten zoals aankomstprocessen, wachtrijmodellen, verschillende soorten capaciteit die al dan niet gelijktijdig ingezet moeten worden, enzovoorts.

Voor een specifiek systeem of proces hebben (wiskundige) modellen ook altijd een zogenaamde 'invoer' nodig die kenmerkend zijn voor de onderhavige situatie. Voor de kans op een afgezegde OK is het bijvoorbeeld nodig om te weten wat de verdeling is van de operatieduren. Indien deze een bekende verdeling volgt, zoals bijvoorbeeld een normale of lognormale verdeling, dan zijn de parameters van deze verdeling de 'invoer'; in dit geval zijn dit het gemiddelde en de standaarddeviatie van een operatieduur. Daarmee gaat een vorm van data-analyse en statistiek, zoals in de Hoofdstukken 2 en 3, dus vrijwel altijd vooraf aan wiskundig modelleren.

In dit hoofdstuk zullen we verschillende modellen toelichten aan de hand van bovenstaande casus. In paragraaf 4.1 gaan we in op het bepalen van sessielengtes, gevolgd door wat achtergrond rond simulatie van zorgprocessen in paragraaf 4.2. De capaciteitsbepaling van zorgeenheden komt aan de orde in paragraaf 4.3. Modellen van zorgprocessen met wachtrijen is het onderwerp van paragrafen 4.4 en 4.5, met nadruk op wachttijden gevolgd door toegangstijden. Modellen voor afspraakplanning en opnameplanning zijn in paragrafen 4.6 en 4.7 te vinden, respectievelijk. Op het einde gaan we kort in op ketens (paragraaf 4.8) en shared resources (paragraaf 4.9).

4.1 Het berekenen van sessielengtes

Het plannen en bijsturen van OK-sessies is een zeer complex probleem waar veel ziekenhuizen mee worstelen, en waar tegelijkertijd nog veel verbeteringen mogelijk zijn. Het gebeurt in meerdere stappen waarbij meestal voor langere tijd sessies op vaste dagen worden toegewezen aan specialismes, die zij dan, gegeven zekere randvoorwaarden, naar eigen goeddunken kunnen

Hoofdstuk 4 — Modellen

invullen. Een deel van die randvoorwaarden heeft betrekking op de benutting van de OK's, met name op mogelijke uitloop. De meeste ziekenhuizen hebben meerdere OK's. Om uitloop te voorkomen worden er operaties van OK's verplaatst en afgezegd. Daarnaast is er wellicht sprake van spoedoperaties die een plek in de planning moeten krijgen. Dit bijsturen is een uiterst complex probleem wat ook zeer uitdagend is voor specialisten op het gebied van planning. Om het afzeggen en van OK verplaatsen zoveel mogelijk te vermijden is het belangrijk dat het initiële plan zo goed mogelijk uitvoerbaar is. Dit plan bestaat uit een lijst verrichtingen per OK.

In deze paragraaf analyseren we dit eenvoudigst mogelijke probleem: een enkele operatiekamer waarin een gegeven aantal operaties gepland zijn gedurende een sessie met een bepaalde lengte. We willen graag weten wat de kans is dat het programma uitloopt en hoeveel. We nemen aan dat we een aantal operaties willen plannen waarvan historische data bekend zijn die representatief zijn voor de te verwachten operatieduren. We nemen ook aan dat omschakeltijden onderdeel zijn van de operatieduren zodat we hier geen rekening mee hoeven te houden. Tenslotte nemen we aan dat we elke operatie in aansluiting op de voorgaande kunnen beginnen, alle patiënten, operatiepersoneel en materialen zijn dus op tijd aanwezig.

Er zijn ruwweg twee soorten aanpakken voor dit probleem. De eerste aanpak is puur gebaseerd op simulatie. Neem aan dat elk van de geplande operaties zeg al 1000 maal is uitgevoerd en dat de tijden hiervan bekend zijn. Voor elk van de geplande operaties wordt er dan willekeurig een tijd getrokken; deze tijden worden bij elkaar opgeteld en er wordt gekeken of de totale duur de sessietijd overschrijdt. Dit wordt 1000 keer herhaald: de fractie overschrijdingen geldt als een schatting voor de kans dat er bij een volgende sessie een overschrijding optreedt. Dit soort simulatie heet Monte Carlo simulatie en kan in Excel worden uitgevoerd, eventueel met behulp van een speciale simulatie add-in. Een ander, meer complex, type van simulatie wordt in de volgende paragraaf kort beschreven.

Een modelmatige aanpak zou als volgt zijn. Uit de data wordt voor elke operatie het gemiddelde en de variantie van de duur geschat. De gemiddeldes en de varianties worden opgeteld, en zo komen we tot de verwachte lengte en variantie van de sessieduur, zie ook paragraaf 3.2. Nu nemen we aan dat de totale duur bij benadering normaal verdeeld is; in paragraaf 3.2 hebben we beredeneerd dat dit vaak een redelijke aanname is. Gebruikmakend van bijvoorbeeld een Excel functie kunnen nu we uitrekenen wat de overschrijdingskans is. Het voordeel van de modelmatige aanpak is de eenvoud, en het inzicht dat we verkrijgen door bijvoorbeeld de variantie van een van de duren te veranderen. De simulatie is tijdrovender maar nauwkeuriger. Daarnaast is de simulatie eenvoudig uit te breiden naar allerlei andere situaties, zoals het afzeggen van operaties als ze veel te laat beginnen, het verschuiven van operaties van de ene OK naar de andere, enzovoorts.

Welke methode we ook gebruiken, het blijft noodzakelijk te controleren of de resultaten van een analyse overeenkomen met de werkelijkheid. Het is bijvoorbeeld denkbaar dat operaties sneller verlopen als er eerder vertraging is ontstaan. Dit is nu niet in het model meegenomen. Of dit daadwerkelijk het geval is, zou statistisch kunnen worden onderzocht. Ook de aanname dat patiënten altijd op tijd aanwezig zijn is weinig realistisch. Toch kan het heel goed het geval zijn dat het model goed overeenkomt met de werkelijkheid. Controleren of dit het geval is heet validatie en is essentieel voor elk modelleringsproject.

Data-analyse en sessielengtes

Weinig ziekenhuizen plannen op basis van historische gegevens. Operateurs beroepen zich vaak op uitzonderingen om afwijkende sessielengtes in te voeren. Uit onderzoek blijkt dat deze inschattingen echter systematisch te laag zijn. Om tot realistische duren, en daarmee afzeg- en uitloopkansen, te komen moet men eerst de gemiddelde duren goed schatten. Het heeft weinig zin de effecten van fluctuaties te analyseren als de gemiddeldes nog grote afwijkingen bevatten. Op het moment dat er overeenstemming is over de wijze van planning en het planproces goed georganiseerd is kan ook de variabiliteit meegenomen worden.

Oefening a. *Maak een Excel sheet waarin de gebruiker voor een 10-tal zorgactiviteiten, zoals operaties, gemiddeldes en standaarddeviaties en de totale sessieduur of duur van de zorgroute in kan voeren.*
b. *Bereken de standaarddeviatie van de som en bereken de kans dat de sessie uitloopt.*
Uit historische gegevens blijkt dat artsen de operatieduur met gemiddeld 10% onderschatten.
c. *Bereken nu opnieuw de uitloopkans.*
d. *Trek een groot aantal maal uit een normale verdeling om zo het gemiddeld aantal minuten uitloop te bepalen.*

Hoofdstuk 4 — Modellen 49

4.2 Simuleren van processen

Vaak is men geïnteresseerd in processen die meer dan enkele gebeurtenissen betreffen. Uitgestelde operaties nemen op een later moment capaciteit in beslag, wat wellicht leidt tot wachttijden bij andere operaties. Het kan dus zinvol zijn OK-sessies in samenhang te beschouwen, zowel parallelle sessies op een dag, als die op achtereenvolgende dagen. Dit geldt ook voor ketenzorg. Simulaties van dit soort processen noemen we *discrete-event simulaties*. Het aantal te modelleren verrichtingen wordt daarbij al gauw zodanig dat het gebruik van Excel niet meer praktisch en misschien zelfs niet meer mogelijk is. Voor dit soort langere-termijn simulaties bestaan speciale software tools met een grafische interface waarin de gebruiker het te modelleren proces grafisch op kan bouwen. Een andere mogelijkheid is om het zelf te (laten) programmeren in een programmeertaal als Java of C++. Zeker de laatste mogelijkheid vereist de nodige kennis en vaardigheden; het voert te ver om dat hier te bespreken.

In principe elk zorgproces, hoe ingewikkeld ook, kan hiermee nagebouwd en gesimuleerd worden. Toch moet men grote terughoudendheid betrachten bij het simuleren van complexe processen. Aangezien elk model een vereenvoudiging is van de werkelijkheid zullen de resultaten van de simulatie nooit volledig sporen met de werkelijkheid. Soms is het verschil zo groot dat de resultaten niet echt bruikbaar zijn. Welke factoren essentieel zijn hangt af van de situatie, en sommige vaak essentiële factoren zijn heel moeilijk te modelleren. Dit betreft met name menselijk handelen: dit is vaak moeilijk in regels te vangen en daarmee moeilijk te modelleren. In het geval van complexe systemen is het moeilijk te achterhalen waarom het systeem niet de gewenste uitkomsten geeft. Voordat men dus aan simuleren begint moet men zich eerst afvragen of het echt nodig is en of er misschien alternatieven bestaan.

Simuleren kan wel vaak nuttig zijn voor onderdelen van complexere processen, die bijvoorbeeld geselecteerd zijn omdat zij de belangrijkste stap in een zorgpad vormen. Het valideren is vaak eenvoudiger, en de resultaten geven meer inzicht. Door de beperkte omvang van het model is het vaak ook mogelijk het systeem op een andere wijze te analyseren dan met simulatie. Zo is het in sommige gevallen mogelijk voor de resultaten zoals gemiddelde bezettingsgraad of weigeringspercentage een formule af te leiden. Dit is onder andere het geval voor enkele zogenaamde wachtrijmodellen, die we in de rest van dit hoofdstuk zullen bespreken.

Het inzicht dat uit analytische modellen kan worden verkregen is een van de belangrijke voordelen boven simulatie. Daarnaast zijn de uitkomsten nauwkeurig (er komt altijd hetzelfde getal uit, in tegenstelling tot simulatie) en is de rekentijd vaak kort. Het voordeel van simulatie is, zoals genoemd, de flexibiliteit; iedere situatie kan (in theorie) worden nagebootst. Een ander belangrijk voordeel is de overtuigingskracht. Omdat het proces zich als het ware versneld afspeelt blijken de uitkomsten van een simulatiemodel in de praktijk veel vertrouwen te genieten. Een grafische weergave kan dit aspect nog versterken. Anderzijds is het bouwen van simulatiemodellen meestal tijdrovend en kan ook de rekentijd een probleem vormen. Bovendien is er, zeker voor complexere modellen, veel data nodig of moeten veel aannames worden gemaakt. Dat raakt direct weer aan de validiteit van het model, zoals eerder besproken.

We zullen ons nu gaan richten op de wachtrijmodellen en de inzichten die daaruit verkregen kunnen worden. We beginnen met het Erlang B model.

4.3 Capaciteitsmanagement van zorgeenheden

Een veel voorkomend probleem in ziekenhuizen en andere zorginstellingen is het bepalen van het aantal bedden of zorgplaatsen per zorgeenheid. Dit probleem is niet zo eenvoudig als het op het eerste gezicht lijkt, vanwege fluctuaties van aantallen opnames of in zorg genomen mensen en duur van de zorg. Als gevolg daarvan kan de benodigde capaciteit om aan de volledige zorgvraag te kunnen voldoen enorm fluctueren.

Een deel van de fluctuatie in zorgvraag hangt samen met wekelijkse en jaarlijkse fluctuaties. Er zijn ook fluctuaties die in het geheel niet voorspelbaar zijn, maar volledig veroorzaakt worden door toeval. Door deze onvoorspelbare fluctuaties ontstaat er een aanzienlijk verschil tussen de minimaal en maximaal benodigde capaciteit in bijvoorbeeld een jaar. In Figuur 4.1 staat het typische capaciteitsbeslag op een zorgeenheid gedurende 2,5 jaar, er van uitgaande dat er altijd genoeg beddencapaciteit is. Wat opvalt zijn de grote fluctuaties, zo loopt het capaciteitsbeslag uiteen van 7 tot 28.

Kiest een zorginstelling als aantal bedden het minimum in de grafiek, dan is de bezetting altijd 100% maar er zijn veel weigeringen[1] (er kan niet

---

[1]In deze paragraaf richten we ons specifiek op de situatie dat patiënten die alle capaciteit bezet treffen worden doorverwezen naar een andere eenheid of zorginstelling, zoals vaak het geval is bij zorgeenheden. De situatie waarin zorg vertraagd wordt, wordt in paragraaf

Hoofdstuk 4 — Modellen

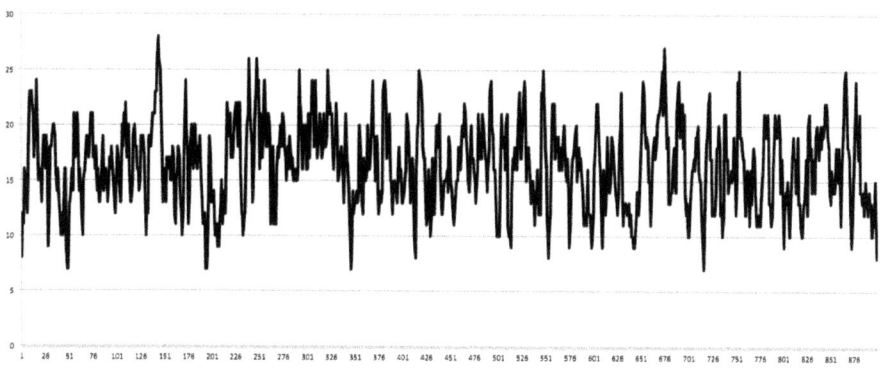

Figuur 4.1: Capaciteitsbeslag met vraag gemiddeld 4 per dag en ligduur lognormaal met gemiddelde 4 en standaarddeviatie 3 dagen

voldaan worden aan de vraag). Kiest men voor het maximum dan is er een lage bezetting maar geen weigeringen (er kan volledig voldaan worden aan de vraag). Normaal plant een instelling het aantal beschikbare bedden/plaatsen zo, dat het tussen het minimale en maximaal benodigde aantal valt. Het resultaat daarvan is tweeledig: enerzijds blijven soms bedden leeg of plaatsen onbenut, anderzijds worden er op andere momenten patiënten/cliënten geweigerd. Om een goed onderbouwde beslissing over het aantal bedden of plaatsen te kunnen nemen, is het wenselijk het gemiddeld aantal lege bedden of plaatsen en weigeringen te kunnen berekenen. Dit is precies wat de zogenaamde Erlang B formule doet.

De Erlang B formule berekent op basis van zorgvraag, zorgduur en aantal bedden/plaatsen het gemiddeld aantal lege bedden/plaatsen en het gemiddeld aantal weigeringen. Merk op dat we het aantal weigeringen en daarmee ook de totale vraag vaak niet waarnemen: meestal zijn er alleen gegevens over de opnames.

Om de formule te gebruiken hoeft men zelf de formule niet door te rekenen, op internet (o.a. op www.mm-zorglogistiek.nl) en als Excel add-in zijn er verschillende tools beschikbaar die de uitkomsten van de formule geven. Met de eerder besproken POISSON functie is het zelfs mogelijk zelf een Excel calculator te maken. Zie de oefening aan het eind van de paragraaf.

Voorbeeld *Een verpleegeenheid heeft een gemiddelde vraag van 4 spoedpatiënten per dag en een ligduur van gemiddeld 4 dagen. De vraag naar bedden is dus $4 \times 4 = 16$ (formule van Little). Doorrekenen met een Erlang B calculator bij een*

4.4 besproken.

> **Vraag naar capaciteit en de formule van Little**
> De *gemiddelde* vraag naar capaciteit, zoals bedden, kan eenvoudig worden bepaald m.b.v. de formule van Little. Hiervoor geldt, in het algemeen,
>
> gemiddelde *vraag* = gemiddelde *zorgvraag* (aantal patiënten)
>   × gemiddelde *duur* capaciteitsgebruik
>
> Belangrijk is dat de zorgvraag en de duur in dezelfde tijdseenheid zijn gemeten, of worden omgezet. Beschouw ter illustratie een verpleegenheid met een zorgvraag van 28 patiënten per week en een gemiddelde ligduur van 4 dagen. De gemiddelde zorgvraag is daarmee 28/7 = 4 patiënten per dag, waarmee de gemiddelde vraag naar bedden gelijk is aan 4 x 4 = 16. Dit zou ook de gemiddelde benutting zijn indien alle patiënten worden opgenomen, anders wordt de benutting lager vanwege geweigerde patiënten.
> Een dergelijke eenvoudige berekening is alleen mogelijk voor de *gemiddelde* vraag naar bedden en geeft geen uitsluitsel over de benodigde capaciteit. Indien men de capaciteit gelijk aan 16 zou kiezen, dan worden de fluctuaties genegeerd. Dit leidt tot veel weigeringen en kan worden geschaard onder de 'flaw of averages'.

capaciteit van 16 bedden, de gemiddelde vraag, levert een weigeringspercentage van 17.5% op! Om een lager weigeringspercentage is krijgen zijn er dus meer bedden nodig. Om onder de 5% weigeringen te komen zijn er 21 bedden nodig, met een bezettingspercentage van 72.6%.

Oefening *Reken het voorbeeld zelf na.*

In veel zorginstellingen wordt gestuurd op bezetting: men bepaalt bijvoorbeeld het aantal bedden/plaatsen zo dat men verwacht een bezetting van rond de 90% te halen. Kijkt men dan naar het percentage weigeringen, dan ziet men hevig fluctuerende getallen, ook op de wat langere termijn. Daar zijn een aantal redenen voor aan te wijzen, een daarvan is de schaal. In het algemeen kan men stellen dat grotere zorgeenheden, dus grotere schaal, percentueel gezien minder weigeringen hebben. In Figuur 4.2 zien we wat er gebeurt als we de zorgvraag en het aantal bedden/plaatsen evenredig toe laten nemen, terwijl de gemiddelde zorgduur constant blijft. In dit voorbeeld houden we de vraag naar bedden gelijk aan 90% van de capaciteit. We zien duidelijk hoe het percentage weigeringen omlaag gaat en dat het bezettingspercentage omhoog gaat. Dit is een duidelijke illustratie van de schaalvoordelen. Er is ook sprake van afnemende meeropbrengsten: dit blijkt uit het feit dat de grafieken afvlakken naarmate de schaal groter is.

Hoofdstuk 4 — Modellen

Merk overigens op dat bij 50 bedden het percentage weigeringen nog steeds boven de 5% ligt, op 5.4%, bij een bezetting van 85.1%. Dit geeft aan dat een bezetting van 85% alleen is weggelegd voor grote zorgeenheden.

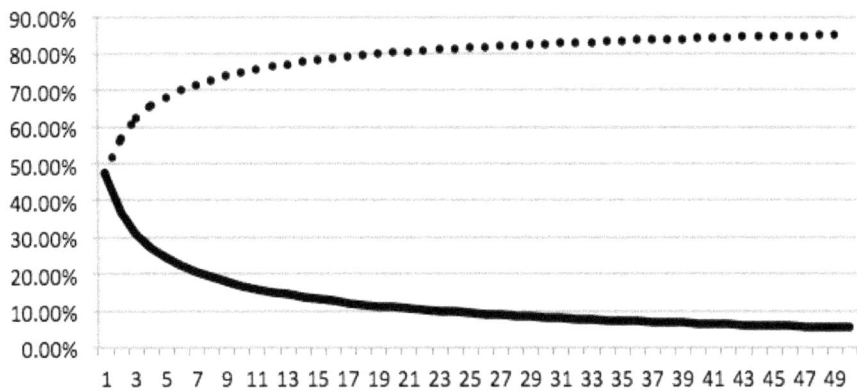

Figuur 4.2: Weigeringspercentage (ononderbroken) en bezetting (onderbroken) als functie van schaal; horizontaal het aantal bedden, de vraag naar bedden is 90% van de capaciteit

Het bestaan van schaalvoordelen pleit voor grote zorgeenheden en dus voor het samenvoegen van kleinere zorgeenheden. Deze schaalvoordelen blijken echter niet altijd op te gaan, zeker niet als de gemiddelde zorgduren van mogelijk samen te voegen verpleegeenheden (zeer) verschillend zijn. Door het mengen van patiënten/cliënten met de kortste zorgduren met patiënten/cliënten met langste zorgduren kunnen de laatste de eerste wel eens in de weg gaan zitten en in totaal tot meer weigeringen leiden! De bezettingsgraad gaat wel altijd omhoog bij samenvoegen, of de zorgduren nu wel of niet verschillend zijn. Tabel 4.1 illustreert dit fenomeen.

	ZE 1	ZE 2	Gemiddeld	Samengevoegd
Gem. zorgvraag per dag	1	5		6
Gem. zorgduur (in dagen)	5	1		1.67
Aantal bedden	3	7		10
Weigerings %	53%	12%	19%	21%
Bezettings %	78%	63%	67%	79%

Tabel 4.1: Getallenvoorbeeld van samenvoegen van verpleegeenheden

We zien de gegevens van twee verpleegeenheden, waarbij ZE 1 klein is en overbezet. ZE 1 heeft tevens de langste zorgduren. In de kolom 'Gemiddeld' staat het gemiddelde over de beide zorgeenheden, waarbij er rekening is gehouden met het feit dat ZE 2 meer aankomsten en meer bedden/plaatsen heeft. Als de beide ZE's worden samengevoegd zien we dat het weigeringspercentage omhoog gaat van 19% naar 21%.

In de tabel lopen de zorgduren zeer uiteen; voor meer realistische getallen is het moeilijk een voorbeeld te vinden waar het overall weigeringspercentage omlaag gaat door samenvoegen. Dit bezwaar blijkt dus relatief onbelangrijk te zijn. Wat belangrijker is, is het feit dat samenvoegen kan betekenen dat sommige soorten patiënten meer profiteren dan andere. Zo kan het bijvoorbeeld voorkomen dat het gemiddelde weigeringspercentage wel daalt, maar dat één patiëntengroep een hoger weigeringspercentage krijgt. Deze groep had in de oorspronkelijke situatie dus relatief veel overcapaciteit. Het kan dan ook zinvol zijn in een samengevoegde verpleegeenheid patiënten zodanig toe te laten dat één van de patiënt/cliëntgroepen een bepaalde manier van voorrang krijgt boven anderen. Op deze wijze kan elke patiënt/cliëntgroep op de gewenste wijze profiteren van het samenvoegen.

Het principe dat patiënten met lange zorgduren patiënten met korte zorgduren in de weg gaan zitten, zoals in Tabel 4.1, is breder van toepassing. Voor een goede doorstroming en het verkorten van wachttijden is het het beste om patiënten met korte zorgduren voorrang te geven. Dit strookt alleen niet altijd met de medische noodzaak. Algemener is het wel zaak voorzichtigheid te betrachten wanneer patiëntenstromen met zeer uiteenlopende zorgduren worden samengevoegd.

Of de Erlang B formule geschikt is om te gebruiken hangt van de situatie af. Het geeft met name een goede benadering in situaties waarin het verschil in aanbod tussen de dagen relatief klein is en waarin het aantal beschikbare bedden weinig varieert. Met name spoedopnames laten een aankomstpatroon zien dat goed overeenkomt met de Erlang formule. We merken op dat data-analyse heeft aangetoond dat in verschillende ziekenhuizen het opnamepatroon van geplande zorg grote overeenkomsten vertoont met die van spoedzorg. Deze grote variatie in de electieve stroom lijkt zelfs meer regel dan uitzondering. Met andere woorden, de Erlang B is vaak ook goed toepasbaar in het geval van een flinke electieve stroom.

Oefening *Laat A de gemiddelde zorgvraag per dag zijn, en B de gemiddelde zorgduur. Met s geven we het aantal bedden of plaatsen aan. Dan is het weige-*

Hoofdstuk 4 — Modellen

ringspercentage in Excel als volgt te berekenen[2]:
=POISSON(s,A*B,FALSE)/POISSON(s,A*B,TRUE)

a. Implementeer dit in Excel en vergelijk de resultaten met calculators die op internet te vinden zijn.

b. Verdiepingsvraag: Bereken ook de bezettingsgraad. Houdt er hierbij rekening mee dat de bezettingsgraad wordt berekend aan de hand van de geleverde zorg, niet aan de hand van de zorgvraag.

Erlang B en de Poisson verdeling

Wanneer we het gemiddelde en de standaarddeviatie van de tijdreeks in Figuur 4.1 berekenen vinden we 16.3 en 4.3, de laatste is ongeveer de wortel van de tweede. Dat is geen toeval: het aantal patiënten in een "oneindig grote" verpleegeenheid is Poisson verdeeld, en het aantal in een gewone ZE is ditzelfde aantal maar afgekapt op het aantal bedden. In onderstaande figuur zien we een Poisson verdeling met gemiddelde 16 (grijs) en de bedbezetting op een ZE met zorgvraag 16 en 20 bedden (zwart). Omdat de pieken in bezetting bij een beperkte capaciteit niet kunnen voorkomen, er kunnen immers niet meer bedden bezet dan aanwezig zijn, zal de fluctuatie in het aantal bezette bedden minder zijn. Dit leidt wellicht wel tot een situatie met weinig fluctuaties, maar niet tot het gewenste proces.

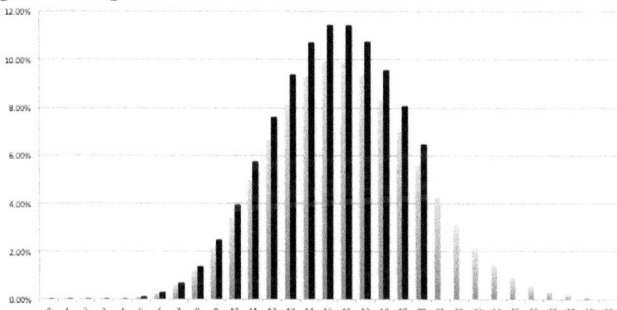

De Poisson verdeling komt ook elders terug, namelijk in het aankomstproces. De Erlang B formule is correct indien de aankomsten in elk tijdsinterval een Poisson verdeling hebben. Dit is in de regel het geval bij een niet-geplande aankomsten zoals spoed. De ervaring leert dat geplande zorg ook veel variaties vertoont en dat de Erlang B daar ook vaak goed bruikbaar is.

Oefening Gebruik een Excel calculator om de getallen in Tabel 4.1 te reproduceren.

---

[2]In het Nederlands dient FALSE door ONWAAR en TRUE door WAAR vervangen te worden

4.4 Modellen voor zorgprocessen met wachtrijen

In het geval van zorgeenheden worden patiënten die alle capaciteit bezet aantreffen, vaak doorverwezen naar andere zorgeenheden of zorginstellingen. Slechts in enkele gevallen wordt het leveren van de zorg vertraagd; een voorbeeld is het uitstellen van een openhartoperatie als er geen IC bed beschikbaar is. In andere situaties dan zorgeenheden is er vaak sprake van vertraging van zorg indien er geen capaciteit meteen beschikbaar is; een voorbeeld is het niet direct in zorg nemen als er geen verzorgenden beschikbaar zijn. Dit leidt tot wachtrijen. Voor electieve patiënten kunnen we hierbij grofweg twee soorten van wachten onderscheiden. De eerste wachttijd is de tijd tussen het maken van een afspraak en het moment waarop de afspraak plaatsvindt. Dit wordt meestal aangeduid als *toegangstijd* en bevindt zich op de schaal van enkele dagen of weken. In de casus aan het begin van dit hoofdstuk bedraagt de toegangstijd voor de heupoperatie bijvoorbeeld 9 weken. Wanneer de patiënt reeds in het systeem aanwezig is, dan is er een *wachttijd* tussen het moment van aankomst bij het systeem en het moment waarop de patiënt geholpen wordt. Deze wachttijd wordt gemeten in minuten. Enkele voorbeelden van deze vorm zijn wachttijden voor de SEH, röntgenafdeling, inlooppoli, bloedprikken en het anesthesiespreekuur. In de casus blijkt er bijvoorbeeld geen wachttijd te zijn voor het maken van een foto van de heup.

In dit hoofdstuk zullen we ons richten op wachttijden. Toegangstijden komen in de volgende paragraaf aan de orde.

Wachttijden Op diverse plaatsen in zorginstellingen ontstaan wachtrijen wanneer de hoeveelheid capaciteit (tijdelijk) niet toereikend is om aan de vraag te voldoen, zoals op de SEH of de röntgenafdeling in een ziekenhuis of voor opname in een verzorgings- of verpleeghuis. Wanneer de hoeveelheid ingezette capaciteit te laag is, kan de wachttijd een ongewenste omvang aannemen, terwijl te veel capaciteit leidt tot een slechte bezetting. De wiskundige theorie van de wachtrijen gaat terug naar het begin van de vorige eeuw, met als grondlegger de Deense wiskundige A.K. Erlang. Het bekendste wachtrijsysteem, samen met het Erlang B model, is het Erlang C model. Het verschil met de Erlang B is dat klanten die alle capaciteit bezet aantreffen in een wachtrij wachten tot er capaciteit beschikbaar is. Wanneer alle SEH verpleegkundigen bezet zijn, zal een patiënt plaats nemen in de wachtkamer. En wanneer alle appartementen in een verzorgingshuis bezet

Hoofdstuk 4 — Modellen 57

zijn, zal de toekomstige bewoner op een wachtlijst worden geplaatst.

Het Erlang C model heeft feitelijk dezelfde parameters nodig als invoer als het Erlang B model:
(i) de gemiddelde zorgvraag,
(ii) de gemiddelde behandelduur en
(iii) het aantal eenheden beschikbare capaciteit.
Essentieel hierbij is dat dezelfde tijdseenheid gebruikt wordt voor de zorgvraag en de zorgduur, bijvoorbeeld beide in uren of dagen. Op basis van deze drie parameters kan het Erlang C model belangrijke prestatie-indicatoren van het systeem berekenen, zoals de:
- bezettingsgraad
- kans op wachten
- gemiddelde wachttijd
- kans dat een patiënt/cliënt langer dan x tijdseenheden moet wachten voordat hij geholpen wordt.

De bezettingsgraad is een belangrijke maat voor de mate waarin de capaciteit benut wordt. Vanwege de zogenaamde *Wet van Little*, zie het kader in paragraaf 4.3 kan deze hier direct worden bepaald door:

$$\text{bezettingsgraad} = \frac{\text{gem. zorgvraag} \times \text{gem. behandelduur}}{\text{capaciteit}} \times 100\%.$$

Bij het Erlang B model is het bepalen van de bezettingsgraad minder eenvoudig, omdat in dat geval patiënten/cliënten geweigerd kunnen worden en dus niet alle patiënten/cliënten van de capaciteit gebruik maken. De overige drie prestatie-indicatoren hebben betrekking op de verleende service aan de patiënt/cliënt en de doorstroom door het systeem. Over het algemeen wordt de gemiddelde wachttijd gebruikt om de verleende (logistieke) service uit te drukken. Voor alle genoemde wachttijd indicatoren zijn ook formules bekend, maar deze zijn minder eenvoudig. Op internet zijn voor ziekenhuiszorg diverse tools beschikbaar die de gewenste prestatie-indicatoren berekenen aan de hand van de drie ingegeven invoerparameters. Een Erlang C calculator is ook te vinden op www.mm-zorglogistiek.nl.

Voorbeeld *Het maken van röntgenfoto's vindt plaats op inloop. Gedurende een periode op de dag zijn 5 röntgenapparaten bemand. De behandelduur varieert uiteraard, maar op basis van historische data heeft men berekend dat de gemiddelde behandelduur 10 minuten bedraagt. Wanneer er gedurende een uur gemiddeld 24 patiënten gebruik maken van het apparaat, dan is de bezettingsgraad gelijk aan* $(24/60) \times 10/5 \times 100\% = 80\%$. *Het gemiddeld aantal aankomsten hebben we*

hier door 60 gedeeld om alles uit te drukken in minuten. Het invullen van de Erlang C formule geeft:
- gemiddelde wachttijd: 5,54 minuten (ruim vijf en een halve minuut);
- 92,5% wacht minder dan 20 minuten, ofwel 7,5% wacht langer dan 20 minuten.

Wanneer we het aantal aankomsten in het voorbeeld van radiologie variëren, terwijl we de behandelduur en het aantal bemande röntgenapparaten gelijk houden, dan krijgen we Figuur 4.3. Hierin is de bezettingsgraad uitgezet tegen de gemiddelde wachttijd (in minuten). Wat direct opvalt, is dat de bezettingsgraad niet hoger kan zijn dan 100%. In dat geval is er sprake van een structureel capaciteitstekort waarbij de wachtrij alleen maar toe zal nemen en onbegrensd kan groeien. Verder heeft de grafiek een elleboog vorm, wat kenmerkend is voor dit soort wachtrijsystemen. Wanneer de bezettingsgraad toeneemt richting de 100%, dan zal de gemiddelde wachttijd snel groeien. In dat geval wordt de overcapaciteit dusdanig klein dat alle fluctuaties in vraag en aanbod niet meer goed opgevangen kunnen worden.

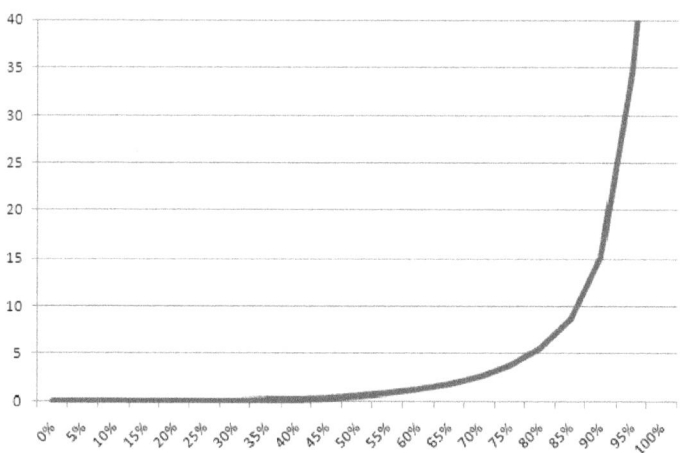

Figuur 4.3: De gemiddelde wachttijd in minuten voor verschillende bezettingsgraden (horizontale as); de behandelduur (10 min.) en de capaciteit (5) zijn constant

De exacte locatie van de elleboog in de grafiek hangt af van twee grootheden: de omvang van het systeem (ofwel de capaciteitsomvang) en de mate van variabiliteit. Naarmate de capaciteit groter is, dan zal de elleboog in de grafiek dichter bij de 100% liggen. Dit betekent dat systemen met meer capaciteit op een hogere bezettingsgraad kunnen functioneren bij een zelfde

Hoofdstuk 4 — Modellen

wachttijd dan kleinere systemen. Deze schaalvoordelen kwamen we eerder bij het Erlang B model al tegen. Maar ook bij systemen met een grote capaciteitsomvang brengt een hoge bezettingsgraad van dicht bij de 100% risico's met zich mee. Wanneer een periode onverwachts structureel drukker blijkt dan verwacht, dan is uit de grafiek te zien dat de gemiddelde wachttijd zeer snel toe zal nemen. Daarom zijn systemen met veel capaciteit en een hoge bezettingsgraad niet erg robuust.

Met behulp van het Erlang C model kan inzicht worden gekregen in de gevolgen, d.w.z. bezetting en wachttijden, van een bepaalde capaciteitsinzet. Voor een goed inzicht is het uiteraard zeer nuttig om verschillende capaciteitsscenario's door te rekenen. Hiermee kan bijvoorbeeld ook de minimale capaciteit worden berekend zodanig dat er nog wel aan een bepaald service niveau wordt voldaan, zoals een maximaal gewenste gemiddelde wachttijd. Deze modellen kunnen beslissingen over de gewenste capaciteitsinzet ondersteunen door het kwantitatief inzicht dat hieruit verkregen wordt. Daarmee kan men tot een objectief onderbouwde beslissing komen.

Voorbeeld *Bij het zoeken naar een nieuwe locatie wil een verpleeghuis de capaciteit bepalen. Per jaar melden ongeveer 52 cliënten zich aan voor opname in het verpleeghuis; dat geeft een gemiddelde zorgvraag van 1 cliënt per week. De gemiddelde verblijfsduur is 75 weken. Bij een capaciteit van 80 is de bezetting $1 \times 75/80 \times 100\% \approx 94\%$. Invullen in een Erlang C calculator geeft een gemiddelde toegangstijd van bijna 7 weken.*

In bovenstaand voorbeeld zijn we ervan uit gegaan dat de lengte van de wachtlijst geen invloed heeft op het gedrag van de cliënten. Bij wachtlijsten in de praktijk wordt meestal niet geheel aan deze aanname voldaan. Hier wordt verder op in gegaan aan het begin van de volgende paragraaf.

Of het Erlang C model geschikt is hangt van de situatie af. Een essentiële aanname binnen het model betreft de variatie in het aankomstpatroon. Het model zal beter functioneren wanneer aankomsten ongepland zijn. In geval van geplande aankomsten, dan is een afsprakenmodel, zoals in paragraaf 4.6 aan de orde komt, meer op zijn plaats. Verder gaat het model uit van een behandelduur waarvoor het gemiddelde en de standaarddeviatie gelijk zijn (volgens een bepaalde verdeling). Een zorgduur met een andere mate van variatie zal een andere locatie van de kromming in de figuur te zien geven. Dit verschil zal groter zijn naarmate de capaciteit minder is: bij een capaciteit van 1 speelt de variabiliteit in behandelduur een relatief grote rol.

Een laatste aanname betreft de onvoorspelbaarheid van het aankomstenpatroon. In de praktijk zal vaak sprake zijn van vooraf bekende drukkere en minder drukke perioden. Te denken valt bijvoorbeeld aan het verschil tussen weekdagen of de ochtend en de middag. Hoe we hier mee omgaan komt later in deze paragraaf aan de orde, maar eerst willen we stilstaan bij de keuze van prestatiematen, geïllustreerd aan de hand van de 4-uurs norm op de SEH.

Prestatie indicatoren en 4-uurs norm In Engeland is veel discussie over de 4-uurs norm die door het National Health Service (NHS) is gesteld. Deze norm stelt dat de tijd tussen aankomst en ontslag van de SEH niet langer dan 4 uur mag zijn. Initieel wilde men dit voor alle patiënten stellen, maar vanwege medische redenen, is dit bijgesteld naar aanvankelijk 90% en later 98%. Het realiseren van een bepaalde verblijfsduur voor een dergelijk hoog percentage patiënten is logistiek bijzonder lastig in een omgeving met fluctuaties. Dit kan goed worden geïllustreerd aan de hand van de verblijfsduren (wachttijd plus behandelduur) binnen het Erlang C model. We gaan uit van SEH met een capaciteit van 3 SEH-artsen. Neem aan dat de gemiddelde totale behandelduur 45 minuten bedraagt. In Tabel 4.2 variëren we het aantal aankomsten bij gelijke behandelduur en capaciteit om te voldoen aan een bepaald percentage patiënten dat binnen 4 uur van de SEH is.

Bij een norm van 98% zien we dat de gemiddelde verblijfstijd slechts 1h08 kan zijn, waarvan 0h45 voortkomt uit de behandeling. De bijbehorende bezettingsgraad bedraagt ook slechts 68%. Naarmate de norm losser wordt nemen de gemiddelde verblijftijd en bezettingsgraad toe. Het verschil tussen een norm van 98% en 90% zorgt voor een verschil in bezettingsgraad van 15%. We zien daarmee dat het garanderen van een bepaalde verblijfsduur of wachttijd voor vrijwel alle patiënten in een omgeving met fluctuaties vraagt om een grote hoeveelheid extra capaciteit. Dit komt omdat er altijd situaties kunnen ontstaan waarin de verblijfsduur oploopt. De 'laatste paar %' is met name moeilijk te bewerkstelligen. Verder zien we ook dat de 4-uurs norm en de gemiddelde verblijftijd een ander beeld kunnen geven. Het kiezen van de juiste prestatiematen vraagt dan ook om de nodige zorgvuldigheid.

Voorspelbare fluctuaties in zorgvraag Bij zorgprocessen zal in de praktijk meestal sprake zijn van een deels voorspelbare zorgvraag. Hierbij valt in

Hoofdstuk 4 — Modellen

	Scenario's			
% patiënten met verblijf van max. 4 uur	98%	90%	80%	70%
Gemiddelde verblijftijd	1h08	1h50	2h32	3h19
Bezettingsgraad	69%	84%	89%	92%

Tabel 4.2: Prestatiematen bij verschillende varianten van de 4-uurs norm; gemiddelde behandelduur (0h45) en capaciteit (3) zijn constant

het bijzonder te denken aan het onderscheid tussen week en weekend en een structureel dagpatroon. Van dergelijke patronen is bij vrijwel alle zorgprocessen, waarbij wachtrijen gevormd kunnen worden, sprake; bij de SEH, röntgenafdeling, inlooppoli, bloedprikken, anesthesiespreekuren, voor start zorg Thuiszorg of opname in een verpleeg- of verzorgingshuis. Een typisch voorbeeld van een dergelijk voorspelbaar zorgvraagpatroon voor de SEH is te zien in Figuur 4.4. Hierin is het aandeel van de patiënten te zien dat in een bepaald uur van de dag bij de SEH aankomt.

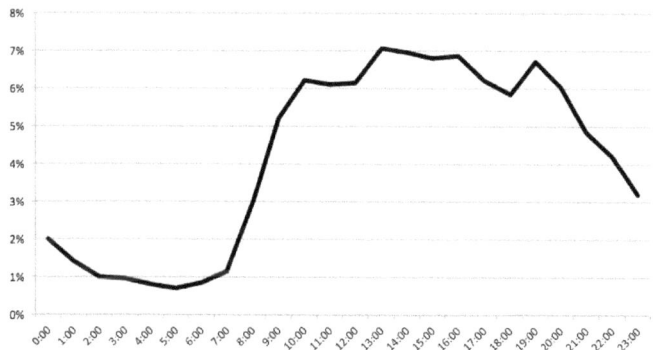

Figuur 4.4: Typisch patroon in het aandeel spoedpatiënten dat in een bepaald uur van de dag aankomt

In dergelijke situaties is een flexibele personeelsinzet gewenst. Aangezien het Erlang C model uitgaat van een constante capaciteit en een geheel onvoorspelbaar vraagpatroon zou het rechtstreeks toepassen van deze formules verkeerde conclusies opleveren. De eenvoudigste en meest inzichtelijke manier om met deze voorspelbare fluctuaties en flexibele capaciteitsinzet om te gaan is door de gehele periode, bijvoorbeeld een dag, op te knippen in kleinere intervallen waarin de groatheden die het zorglogistieke proces bepalen min of meer constant zijn. Dat wil zeggen, we zoeken perioden waarin (i) het aantal aankomsten, (ii) de behandelduur en (iii) de capaciteit geen (grote) structurele daling of stijging vertoont. In het voorbeeld van de SEH is bijvoorbeeld het opknippen van de dag in uren een geschikte optie. Bij het opdelen van de dag is het uiterst raadzaam om rekening te houden met de shifts binnen het personeelsrooster.

Wanneer de dag verdeeld is in perioden waarin de drie invoerparameters min of meer constant zijn, dan kan voor iedere periode de Erlang C formule worden toegepast. De invoerparameters kunnen dan eenvoudig worden bepaald:
(i) het gemiddeld aantal aankomsten wordt over het gehele interval genomen (let wel op dat de tijdseenheid overeenkomt met die van de behandelduur);
(ii) de behandelduur of zorgduur zal over het algemeen nauwelijks of niet afhangen van het tijdstip van de behandeling of in zorg nemen;
(iii) houd bij het opdelen in perioden rekening met de diensten van het personeelsrooster.
Door het Erlang C model voor iedere periode toe te passen wordt een gewenste capaciteit per periode bepaald.

De beschreven aanpak wordt in de literatuur ook wel SIPP (stationary independent period-by-period) genoemd. Er moet worden opgemerkt dat dit geen exacte analyse is, maar een benadering. Dit is eenvoudig in te zien wanneer een drukke periode direct wordt opgevolgd door een rustige periode (of andersom). Het effect van de drukke periode zal doorwerken in de volgende periode omdat waarschijnlijk met een relatief lange wachtrij gestart wordt. Wanneer de behandelduren of zorgduren niet te lang zijn in verhouding tot de lengtes van de perioden en de verschillen in invoerparameters tussen opeenvolgende perioden niet te groot, dan werkt de SIPP aanpak goed. In de context van zorgprocessen met wachtrijen is dit vaak het geval. Voor een meer gedetailleerde beschrijving van deze modellen verwijzen we graag naar de literatuur, zie bijvoorbeeld Green [4].

Oefening *Gebruik een online Erlang C calculator om de getallen uit de twee voorbeelden te reproduceren.*

Oefening *De doorstroom bij de poli Anesthesie loopt niet naar wens. Op dit moment worden bij deze poli slots gereserveerd per zorgketen. Dit zorgt voor veel kleine wachtrijen. Om de doorstroom te verbeteren overweegt men over te gaan naar een inlooppoli (één wachtrij). De behandelduur (hier de afspraak met de anesthesioloog) varieert erg; het gemiddelde en de standaarddeviatie van de behandeltijden liggen*

Hoofdstuk 4 — Modellen

Telefonie

De Erlang C formule wordt ook veel gebruikt in *call centers*. Telefonische bereikbaarheid speelt ook in de zorg een grote rol: de eerste contacten met nieuwe patiënten en verwijzers lopen vaak telefonisch. Vanuit telefonische bereikbaarheid gezien zijn met name ziekenhuizen complexe organisaties: er zijn vaak vele kleine decentrale call centers vanwege de spreiding van kennis over de verschillende afdelingen. Door dit gebrek aan schaal is het vaak lastig een acceptabele telefonische wachttijd te bereiken. Centralisatie is lang niet altijd een oplossing, de kwaliteit van de beantwoording leidt er onder. Meer innovatieve oplossingen zijn dan gewenst, waarbij andere communicatiekanalen zoals email een rol in kunnen spelen.

---

rond de 12 minuten. Op een donderdag bezoeken gemiddeld 8 patiënten per uur de poli Anesthesie, en er zijn twee anesthesiologen. Wat is de gemiddelde wachttijd? Hoeveel patiënten zijn er binnen een kwartier wachten aan de beurt?

4.5 Toegangstijden en capaciteit

In de vorige paragraaf kwamen wacht- en toegangstijden reeds aan de orde in situaties waar zorg uitgesteld wordt omdat er (tijdelijk) niet voldoende capaciteit is. Men spreekt meestal over toegangstijden wanneer dit de tijd betreft tussen het moment waarop de afspraak gemaakt wordt en het tijdstip waarop de afspraak plaatsvindt. Hierbij kan specifiek worden gedacht aan de toegangstijd tot het eerste polibezoek in een ziekenhuis, toegangstijd tot diagnostisch onderzoek, maar ook aan de duur tot het starten van een behandeling binnen de GGZ.

Wat betreft de toegangstijden zijn er een aantal effecten die ervoor zorgen dat wachtrijen in de zorg zich anders gedragen dan in de logistiek van bijvoorbeeld productiesystemen. Twee daarvan hangen samen met het gedrag van patiënten. Zo hebben korte wachtrijen een aanzuigende werking, waardoor de lengte van de wachtrij snel toeneemt; lange wachtrijen hebben tot gevolg dat minder patiënten/cliënten zich aanmelden. Hierdoor zal de lengte van de wachtrij de tendens hebben naar een situatie te gaan waar de instroom met de verwerkingscapaciteit in evenwicht is. Hierdoor kan over langere tijd de wachttijd even lang zijn, zelfs als de capaciteit uitgebreid wordt. Dit is funest voor zogenaamde 'Werken Zonder Wachtlijst' (Advanced Access) projecten: zodra de wachtrij is weggewerkt is er vaak sprake van een dergelijke aanzuigende werking dat deze weer snel op de oude lengte terug is. Vandaar ook dat wordt geadviseerd waar mogelijk met een vaste panel size te werken: door de groep potentiële patiënten/cliënten te beperken voorkomt men de aanzuigende werking.

Een tweede vorm van patiënt/cliëntgedrag dat invloed heeft op de lengte van de wachtrij (toegangstijd) is afhaakgedrag: patiënten/cliënten verdwijnen uit de wachtrij, bijvoorbeeld omdat ze de zorg elders sneller kunnen krijgen, omdat de medische reden verdwenen of juist omdat ze niet zo lang kunnen wachten en daardoor prioriteit krijgen boven andere patiënten, of omdat ze overlijden. (In 2000 overleed 10-15% van de wachtenden voor opname in een verzorgings-/verpleeghuis tijdens het wachten.)

Naast deze twee effecten vanuit de patiënt wordt soms ook de capaciteitsinzet aangepast wanneer toegangstijden tot ongewenste situaties leiden. Bij een polikliniek zijn dubbele boekingen of overboekingen niet ongebruikelijk wanneer de toegangstijd te hoog wordt, of de duur tot een herhaalconsult te lang. Alhoewel de wachtlijst hiermee meer onder controle blijft, leidt dit over het algemeen wel tot uitloop en overwerk. Dit kan weer nadelige gevolgen hebben voor activiteiten die op dezelfde dag maar op een later tijdstip zijn gepland.

De bovengenoemde effecten zijn lastig in een model te vatten, temeer omdat relevante gegevens daarvoor vaak ontbreken. Ook in de literatuur is hierover weinig bekend. Het opnemen van genoemde effecten zou al snel leiden tot een simulatiemodel waarin de nodige aannames gemaakt zullen moeten worden. In het vervolg van deze paragraaf richten we ons op een model voor toegangstijden waarin er geen sprake is van bovengenoemde sturingen. Alhoewel dat mogelijk niet geheel overeenkomt met de praktijk zijn de inzichten daaruit wel waardevol. Bovendien vormt dit model een goede basis en schept het een referentiekader.

Het 'sturingsvrije' model voor toegangstijden vertoont veel overeenkomsten met het Erlang C model uit de vorige paragraaf. Essentieel verschil is dat hier wordt aangenomen dat er iedere periode een vast aantal plaatsen s beschikbaar is voor patiënten/cliënten. De periode betreft hier dus typisch dagen of weken; bijvoorbeeld een poli waarbij de blauwdruk plaats biedt aan s (eerste) poli bezoeken per week. Voor nu gaan we er vanuit dat het gaat om een enkele afspraak. Dit wachtrijmodel is reeds zeer complex, maar verschillende prestatiematen kunnen goed worden benaderd. Zo is de benadering voor de gemiddelde toegangstijd

$$\text{gemiddelde toegangstijd} \approx \tfrac{1}{2} \times \text{gemiddelde wachttijd Erlang C},$$

Hoofdstuk 4 — Modellen

waarbij de gemiddelde wachttijd Erlang C volgt uit de vorige paragraaf, te berekenen met een online calculator, met de invoer parameters:
(i) de gemiddelde zorgvraag in een periode,
(ii) aantal bezoeken, hier gelijk aan 1, en
(iii) het aantal beschikbare plaatsen per periode.
Merk op dat we de capaciteit hier dus interpreteren als het aantal beschikbare plaatsen, waar dit anders vaak in termen van aantal bedden, apparaten, of (medisch) personeel is.

Voorbeeld *De poli orthopedie uit de casus heeft op jaarbasis 1250 eerste polibezoeken (EPB's). Het aantal beschikbare plaatsen voor EPB's is 25 per week. Beschouwen we de toegangstijd in weken, dan is de gemiddelde zorgvraag per week $1250/52 \approx 24$. Met behulp van de formule van Little, zie kader in paragraaf 4.3, volgt dat de bezettingsgraad ongeveer $(1250/52) \times 1/25 \times 100\% \approx 96\%$ is. Invullen van de Erlang formule en vermenigvuldigen met 1/2 geeft een gemiddelde toegangstijd ongeveer 0.4 weken, ofwel iets minder dan een halve week.*

Wanneer we de gemiddelde zorgvraag variëren, terwijl we het aantal plaatsen vast houden, dan krijgen we de onderbroken lijn uit Figuur 4.5. Dit is representatief voor een wat grotere poli. De ononderbroken lijn geeft de gemiddelde toegangstijd weer bij verschillende bezettingsgraden voor een relatief kleine poli met 5 beschikbare plaatsen per week.

Uit de figuur zijn een aantal belangrijke conclusies te trekken. Allereerst zien we dat de bezetting van de poli aanzienlijk hoger kan zijn dan voor verpleegeenheden (paragraaf 4.3) of de wachtrijsystemen uit paragraaf 4.4; een bezetting van 95% leidt over het algemeen nog niet tot (buitensporig) hoge toegangstijden. Tevens zien we dat kleine poli's duidelijker kwetsbaarder zijn dan grote poli's. Dit is wederom op de schaaleffecten te herleiden. Tot slot leidt een benutting van tegen de 100% wel tot ongewenste situaties. In de praktijk zal dit minder extreem zijn vanwege de effecten eerder genoemd in deze paragraaf. Desalniettemin zien we dat systemen kwetsbaar zijn wanneer de benutting van de capaciteit aan de limiet zit.

Of dit model geschikt is hangt opnieuw af van de situatie. De aanname rond de variatie in het aankomstpatroon is hetzelfde als voor het Erlang B en Erlang C model uit de paragrafen 4.3 en 4.4. Verder is het beschikbare aantal plaatsen hier constant[3] en is er geen sprake van sturing, zoals eerder besproken. Alhoewel deze aannamen, met name de laatste, wat beperkend

---
[3]Bijzondere weken met bijvoorbeeld feestdagen zouden buiten beschouwing gelaten kunnen worden

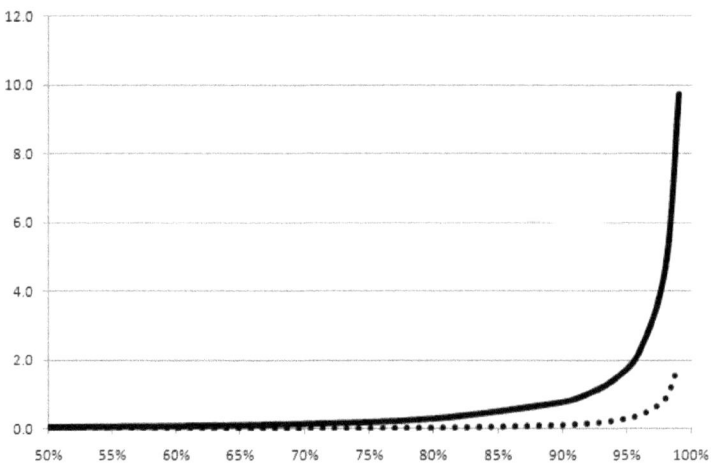

Figuur 4.5: De gemiddelde toegangstijd voor verschillende waarden van het gemiddeld aantal aankomsten voor een grote poli (onderbroken) en een kleine poli (ononderbroken); horizontale as geeft de bezettingsgraad

kunnen zijn voor directe toepassing in de praktijk geeft dit model wel belangrijk inzicht en kan dit dienen als startpunt voor verdere verfijning.

Voorbeeld *Binnen een GGZ instelling wil men zorgroutes, of zorgpaden, ontwerpen en de capaciteit daarop aanpassen. Uit data-analyse blijkt dat 160 cliënten per jaar in het zorgpad terecht komen, waarbij er weinig seizoensinvloeden zijn. De behandeling van een cliënt binnen deze zorgroute duurt exact 10 weken, waarbij we uit gaan van 1 uur behandeling per week. We richten ons hier op 'gewone' weken waarbij de de beschikbaarheid van artsen constant is. We nemen aan dat het lukt om een afspraak te maken indien er in die week plek is en laten groepsbehandelingen buiten beschouwing.*

Bij de invoerparameters, onderdeel (ii), nemen we nu het aantal bezoeken gelijk aan 10 i.p.v. 1. De gemiddelde zorgvraag per week is $160/52 \approx 3.08$. Daarmee is de vraag naar plaatsen gelijk aan $160/52 \times 10 \approx 30.8$. We hebben dus minstens een capaciteit van 31 plaatsen per week nodig; invullen in de calculator geeft een gemiddelde toegangstijd van 20.6 weken. Streven we naar een toegangstijd van maximaal 1 week, dan hebben we 34 plaatsen per week nodig.

Oefening a. *Reproduceer de getallen uit het voorbeeld. Wat is de gemiddelde toegangstijd bij 33 en 34 plaatsen per week?*
Naast de zorgroute uit het voorbeeld zijn er ook zorgroutes, zeg, B en C voor cliënten

met een aanverwante diagnose, maar met een andere behandeling. In totaal dienen jaarlijks zich 400 cliënten aan, waarbij 40% in zorgroute A terecht komt, 45% in zorgroute B en 15% in zorgroute C. De behandelduren van zorgroute A en B zijn 10 weken en van C 15 weken.
b. Stel dat er 90 behandeluren per week beschikbaar zijn. Hoe kunnen deze het beste over de zorgroutes worden verdeeld?
c. Stel dat zorgroute C van strategisch belang is voor de zorginstelling, waarbij men de verwachte wachttijd tot behandeling tot maximaal een halve week wil terugbrengen. Beantwoord nogmaals het vorige onderdeel. Wat betekent dit voor de andere zorgroutes?

4.6 Afsprakenmodellen

Een vorm van aankomstproces dat specifiek voor de zorg is, is het maken van afspraken. We beschouwen hier dus niet de tijd tussen het moment van afspraak maken en de feitelijke afspraak, maar de momenten waarop de feitelijk afspraken worden gepland. In deze paragraaf gaat het specifiek over het afsprakenschema of de blauwdruk. Hier is ook vaak sprake van wachttijd, de zogenaamde wachtkamertijd. Daarnaast komt het ook voor dat degene met wie de afspraak is gemaakt moet wachten of het apparaat waarop capaciteit geboekt is (bijvoorbeeld een MRI) gedurende enige tijd ongebruikt blijft. De voor de hand liggende vraag is: op welke momenten moeten afspraken gepland worden zodat wachttijd van arts en patiënten zoveel mogelijk beperkt blijven? Complicerende factoren zijn de variabiliteit van de duur van de afspraak, de mogelijkheid dat de patiënt niet op de afspraak komt (een no-show) en dat de patiënt niet op tijd is. Een aanvullende factor zijn eventuele spoedpatiënten die het afsprakenschema verstoren.

Een analyse van een dergelijk afsprakensysteem kan met behulp van simulatie. In de wetenschappelijke literatuur zijn al veel afsprakenschema's op die wijze geanalyseerd. Daar komt een regel uit naar voren als een goede robuuste regel: de Bailey-Welch regel. Deze bestaat uit de reguliere individuele afsprakenregel (zeg 1 patiënt elke 15 minuten) met als wijziging dat de patiënt aan het eind wordt weggehaald en er aan het begin een patiënt wordt toegevoegd. Dit is geïllustreerd in Figuur 4.6: Aan het begin van de sessie zijn er twee patiënten gepland, aan het begin van de laatste slot geen.

Als alles regelmatig verloopt is er dus altijd 1 patiënt in 'voorraad'. Dit zorgt ervoor dat de arts bij onregelmatigheden niet meteen hoeft te wachten zonder dat de wachttijd van de patiënten te zeer oploopt. Men kan zich

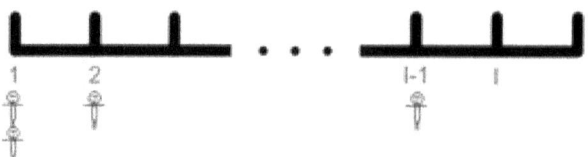

Figuur 4.6: De Bailey-Welch regel

afvragen of het nog beter kan dan de Bailey-Welch rule. Dit kan men uitzoeken met behulp van het online tool om optimale afsprakenschema's te vinden dat beschikbaar is op www.mm-zorglogistiek.nl. In de meeste gevallen blijkt dat Bailey-Welch aanzienlijk beter is dan de standaard individuele afsprakenregel, maar dat er verder niet veel verbeteringen meer mogelijk zijn.

Met kleine aanpassingen kunnen diverse praktische nadelen worden vermeden. Wanneer het bijvoorbeeld vanwege psychologische aspecten niet wenselijk is om twee patiënten tegelijk te laten komen, kan van de Bailey-Welch regel worden afgeweken door alleen de tweede patiënt een aantal minuten later te plannen. Ook bij lange afspraakduren, zoals bij sommige type scans, kan het wenselijk zijn om alle patiënten behalve de eerste iets later te plannen t.o.v. Bailey-Welch. Dergelijke modellen zijn specifiek voor de cure-sector ontwikkeld.

Oefening *Open de tool op www.mm-zorglogistiek.nl. Bereken het optimale rooster en vergelijk dit met de Bailey-Welch regel. Varieer het relatieve belang van wachtkamertijd en leegtijd en bestudeer het effect. Bespreek de resultaten met medestudenten.*

4.7 Opnameplanning

In de vorige paragraaf hebben we het specifiek gehad over het bepalen van de blauwdruk, ofwel het tijdstip van afspraken gedurende de dag. Binnen een klinische context dient men ook het aantal electieve patiënten en de mix te bepalen die men iedere weekdag opneemt. Een groot deel van de wetenschappelijke literatuur heeft zich beziggehouden met OK planning; daarbij gaat het dus om snijdende vakken. Het doorrekenen van een bepaalde OK planning gebeurt veelal met simulatie, zie ook paragrafen 4.1 en 4.2. Daarnaast zijn verschillende wiskundige optimalisatiemethoden ont-

Hoofdstuk 4 — Modellen

wikkeld voor een goed OK gebruik; het voert hier te ver om daar op in te gaan.

Veel van deze studies richten zich met name, of uitsluitend, op de OK. Het beddenhuis wordt echter steeds vaker de beperkende factor, waarbij de OK de instroom naar de kliniek reguleert van de snijdende vakken. Om de klinische capaciteit zo goed mogelijk te gebruiken is men over het algemeen gebaat bij een zo stabiel mogelijke stroom, zie paragraaf 1.2. Hier ligt dus een belangrijke uitdaging voor de opnameplanning. In het geval een specialisme iedere (werk)dag kan opnemen (of OK heeft) kan veel winst worden gehaald door iedere dag op een vast aantal opnamen te sturen. Hiervoor kan de 'jaarproductie' uitgesmeerd worden over het aantal 'productieweken' om daarmee een richtlijn voor het aantal opnamen per dag te bepalen. Het strak volgen van deze richtlijn zal leiden tot een stabieler beddengebruik op de kliniek.

Voorbeeld *De vakgroep Orthopedie heeft 850 opnamen per jaar en iedere werkdag de beschikking over 1 OK. Om rekening te houden met afzeggingen begroot men op 900 geplande opnamen per jaar. De vakgroep opereert grofweg 45 weken per jaar. De richtlijn voor het aantal opnamen per dag komt daarmee op $900/(45 \times 5) = 4$, waarbij 5 het aantal OK-dagen per week is.*

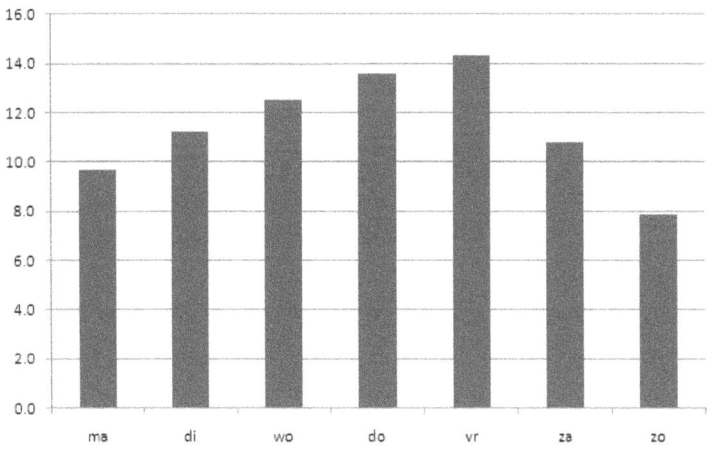

Figuur 4.7: Gemiddeld aantal bezette bedden per weekdag

Wanneer we in het bovenstaande voorbeeld uitgaan van een ligduur van gemiddeld 4 dagen en spoed buiten beschouwing laten krijgen we Figuur 4.7 voor het gemiddeld aantal bezette bedden per dag. Dit weekpatroon is herkenbaar voor veel afdelingen waarbij de electieve patiëntenstroom groot is. De richtlijn zorgt er met name voor dat de variatie per weekdag zo beperkt mogelijk is. Om met het patroon aan beddengebruik uit Figuur 4.7 om te gaan zijn er twee mogelijkheden: (i) de personele inzet aanpassen aan dit patroon, of (ii) de planning aanpassen om een vlakker patroon te krijgen. Dit kan vaak door het spelen met de patiëntenmix. Als vuistregel kan men over het algemeen het volgende hanteren. Om bedden in weekend gevuld te krijgen is het (logistiek) gezien gunstig patiënten met een langere ligduur (zoals heupen en knieën) richting het einde van de week op te nemen. Daarnaast wil men aan het begin van de week de bedden vullen, ofwel meer dan gemiddeld patiënten opnemen. Dat kunnen de korte liggers zijn; deze patiënten hebben ook vaak een kortere OK duur. Het bepalen van de optimale mix per weekdag komt in hoofdstuk 3 van [6] aan de orde, maar voert hier te ver. Dezelfde principes gelden voor niet-snijdende vakken.

Oefening *Wat is het doel van de opnameplanning binnen uw organisatie? Welk effect heeft de opnameplanning op andere schakels binnen de keten?*

4.8 Ketens

Tot nu hebben we het voornamelijk over de analyse en planning van een enkele capaciteitseenheid gehad; alleen de vorige paragraaf betrof het verband tussen twee opeenvolgende eenheden. Zorg bestaat vaak uit een complexe aaneenschakeling van handelingen, of zelfs van verschillende zorginstellingen (ketenzorg). De traditionele manier van plannen is de volgende stap in het zorgproces te plannen op het moment dat de voorgaande is afgerond. Dit is voor de patiënt onaangenaam, hij of zij moet vaak terugkomen en de totale wachttijd is lang. Verder blijkt dat die wachttijd zich vaak concentreert op 1 of enkele stappen in de keten: de bottleneck(s). Door eerst de bottleneck te plannen en aan de hand daarvan de andere stappen, stroomlijnt men het proces en maakt men de wachttijd korter en het aantal afspraken kleiner. Dit idee van plannen vanuit de bottleneck staat ook centraal in de zogeheten Theory of Constraints, waarbij de bottleneck uiteraard de beperkende factor (constraint) is.

Voor het kwantitatief analyseren van ketens kan men simulatie gebruiken. Volgens de Theory of Constraints volstaat het vaak de analyse te beperken tot de bottleneck en de instroom ervan. Soms is het mogelijk de

Hoofdstuk 4 — Modellen 71

bottleneck op andere wijze te analyseren, bijvoorbeeld met behulp van een wachtrijmodel.

4.9 Plannen van shared resources

Veelal worden bottlenecks gedeeld door verschillende soorten patiënten of cliënten. Dit is te verklaren uit het feit dat bottleneck resources vaak duur zijn, anders was hun capaciteit geen beperking. De prijs van de capaciteit (materieel of personeel) verklaart ook de centrale locatie in de zorgorganisatie en het gebruik door verschillende specialismen. Dit veroorzaakt een lastig planningsprobleem, wat nog lastiger wordt als verschillende zorgpaden de gedeelde capaciteit gebruiken: de beperkte beschikbaarheid van de bottleneck is moeilijk te rijmen met de gewenste beschikbaarheid op vooraf voorgestelde momenten voor de verschillende soorten patiënten of zorgpaden. Dit leidt vaak tot het delen van de beschikbare tijd op de bottleneck in verschillende slots. Het gevaar is dat dit leidt tot versnippering door het niet aansluitend plannen van behandelingen op de bottleneck en daarmee tot verlies van kostbare capaciteit op de bottleneck. Ook is het moeilijk het juiste aantal slots te reserveren, omdat het op voorhand vaak niet duidelijk is hoeveel slots een zorgpad nodig heeft. Om deze versnippering tegen te gaan is het verstandig meerdere soorten slots bijeen te voegen: hierdoor vallen er minder gaten, en de relatieve variabiliteit in aantal benodigde slots is lager waardoor er ook hierdoor minder gaten vallen. Dit is opnieuw terug te leiden tot schaalvoordelen, zoals we eerder zagen in paragrafen 3.2, 4.3 en 4.5.

Oefening *Een drietal zorgpaden hebben elk op een bepaalde dag in de week gemiddeld 5 slots op de CT-scan nodig.*
a. Bereken de consequenties van het apart reserveren van slots en het gezamenlijk reserveren van slots.
b. Geef enkele praktische bezwaren aan tegen het gezamenlijk reserveren van slots.

Oefening *Geef een voorbeeld van een bottleneck in een care-omgeving. Welke consequenties heeft een dergelijke bottleneck voor de capaciteitsplanning?*

4.10 Verder lezen

Het proefschrift van Mark van Houdenhoven [5] is geheel gewijd aan OK planning.

Koole [7] geeft meer informatie over planning in call centers. Koeleman [6] is een proefschrift over plannen bij verschillende schakels of eenheden binnen de zorg.

Bibliografie

[1] J.O. Bennett, W.L. Briggs, and M.F. Triola. *Statistical Reasoning for Everyday Life*. Addison Wesley, 2009.

[2] T.H. Davenport and J.G. Harris. *Competing on Analytics: The New Science of Winning*. Harvard Business School, 2007.

[3] J. Galbraith. *Designing Complex Organizations*. Addison-Wesley, 1973.

[4] L.V. Green. Queueing analysis in health care. In R.W. Hall, editor, *Patient Flow: Reducing Delay in Healthcare Delivery*, pages 281–307. Springer, 2006.

[5] M. Houdenhoven, van. *Healthcare Logistics: the Art of Balance*. PhD thesis, Erasmus University Rotterdam, 2007. repub.eur.nl/res/pub/10862.

[6] P. Koeleman. *A careful solution: Patient scheduling in health care*. PhD thesis, VU University Amsterdam, 2013. dare.ubvu.vu.nl/handle/1871/39663.

[7] G.M. Koole. *Call Center Optimization*. MG books, Amsterdam, 2013.

[8] F. Lee. *If Disney Ran Your Hospital*. Second River Healthcare Press, 2004.

[9] LogiZ. *Zorglogistiek voor Cure and Care*. vLm, ActiZ, NVZ, 2011. Syllabi Logistiek in de Zorg.

[10] S.G. Makridakis. *Forecasting, Planning, and Strategies for the 21st Century*. The Free Press, 1990.

[11] J. Nance. *Why Hospitals Should Fly*. Second River Healthcare Press, 2008.

[12] S.G. Powell, K.R. Baker, and B. Lawson. Impact of errors in operational spreadsheets. *Decision Support Systems*, 7:126–132, 2009.

[13] E.H. Ruiter, J. Kers, S. Elkhuizen, F. Blessing, R. Meijers, H.H. Glckner, and S. Weijers. *Logistiek in de zorg: Beheersing van Patiënten- en Goederenstromen*. Noordhoff, 2009.

[14] S. Savage. *The Flaw of Averages: Why We Underestimate Risk in the Face of Uncertainty*. Wiley, 2012.

[15] P. Stepaniak. *Modeling and Management of Variation in the Operating Theatre*. PhD thesis, Erasmus University Rotterdam, 2010. repub.eur.nl/res/pub/21856.

[16] J. Toussaint and R.A. Gerard. *On the Mend: Revolutionizing Healthcare to Save Lives and Transform the Industry*. Lean Enterprise Institute, 2010.

[17] H.E.C. Verkooijen and D. Moeke. *Bedrijfsvoering voor Zorg en Welzijn: Juiste Zorg op het Juiste Moment*. Noordhoff, 2013.

[18] H. Vlootman. *Excel leren*. Noordhoff, 2012.

Bijlage A

Excel en andere tools

Voor de analyse van kleine en middelgrote datasets en het doen van veel berekeningen worden vaak spreadsheets ingezet. MS Excel is het meest bekende en gebruikte spreadsheet en we zullen ons daartoe beperken. Deze bijlage gaat in op sommige van de meer geavanceerde aspecten van Excel. Voordat we dat doen gaan we in op een belangrijk algemeen aspect van Excel.

A.1 Nadelen van Excel

Excel wordt gekarakteriseerd door een gebrek aan structuur. Dit gebrek aan structuur is zowel een voordeel als een nadeel. Het is een voordeel want het stelt ons in staat snel complexe berekeningen uit te voeren zonder dat we gedwongen zijn dat in een bepaald stramien te doen of eerst te programmeren. Het nadeel is dat het leidt tot spreadsheets die slecht onderhoudbaar en overdraagbaar zijn en waarin fouten moeilijk te detecteren zijn. Dit pleit ervoor geen spreadsheets te gebruiken voor structurele taken waar meerdere mensen bij betrokken zijn. Neem bijvoorbeeld het opstellen van een personeelsplanning: indien dit eenmalig moet gebeuren is het het meest efficiënt dat in Excel te doen. Indien het week op week moet gebeuren is het beter een meer gestructureerd programma met speciale functionaliteit zoals Harmony van Ortec te gebruiken.

Een belangrijke vraag is in hoeverre spreadsheets in de praktijk fouten bevatten zonder dat men zich daarvan bewust is: dit geeft belangrijke informatie over in welke mate het verstandig is Excel te gebruiken. Onderzoek naar fouten in spreadsheets is complex en tijdrovend. Het vereist een diepgaande analyse van door anderen gemaakte spreadsheets en het is moeilijk representatieve uitspraken te doen. Toch zijn er enkele interessante studies in de wetenschappelijke literatuur. Daarin wordt het aannemelijk gemaakt dat in meer de helft van de spreadsheets met formules fouten te vinden zijn, die soms zeer vergaande consequenties kunnen hebben (zie Powell e.a. [12]). We gaan nu in op de functionaliteit van Excel.

A.2 Geavanceerd gebruik van Excel

Excel heeft drie mogelijkheden voor het doen van geavanceerde berekeningen: Ingebouwde functies zoals COUNTIF, add-ins en tools zoals draaitabellen en data-analyse, en zelfgebouwde functies met behulp van Visual Basic for Applications (VBA). We bespreken de eerste twee, voor het gebruik van VBA is programmeerkennis nodig. Het moet opgemerkt dat door de mogelijkheden van VBA vrijwel alle mogelijkheden van een gewone programmeertaal tot de beschikking staan. Naarmate meer functionaliteit in VBA wordt geïmplementeerd kan zich natuurlijk afvragen wat de toegevoegde waarde is van Excel en of men niet beter alles in een programmeertaal kan implementeren. Afhankelijk van de keuze van programmeertaal dit het ook mogelijk applicaties via het web te benaderen, zoals dat het geval is met de tools op www.mm-zorglogistiek.nl.

Excel in verschillende talen

In dit boek gebruiken we vaak de Engelstalige functienamen. De Nederlandse vertalingen kunnen op internet gevonden worden, bijvoorbeeld door te zoeken op www.google.nl/search?q=vertaling+excel. In verschillende versies van Excel zijn echter niet alleen de namen van functies verschillend. Zo is het in Nederland gebruikelijk een komma als decimaal scheidingsteken te gebruiken, terwijl in Angelsaksische landen daar de punt voor wordt gebruikt. Dit betekent dat de komma dan ook op een andere wijze gebruikt kan worden. Bijvoorbeeld SUM(A1,0.5) (de som van cel A1 en een half) in een EN versie van Excel is gelijk aan SOM(A1;0,5) in een NL versie. Het goede nieuws is dat Excel het allemaal automatische omzet: SUM(A1,0.5) aangemaakt in een EN versie wordt in een NL versie weergegeven als SOM(A1;0,5).

In eerdere hoofdstukken hebben we al kennis gemaakt met verschillende Excel functies. Sommige hadden enkele getallen als invoer, zoals NORMDIST; andere hadden een rij getallen (in de informatica meestal array genoemd) als invoer, zoals SUM en CORREL. We bepreken hier een

Hoofdstuk A — Excel

aantal andere functies, die nuttig zijn om zelf histogrammen op te stellen of bijvoorbeeld aantallen met een bepaalde eigenschap te bepalen. Neem bijvoorbeeld de file leeftijden-duren.xls. Als we de gemiddelde verpleegduur voor 0-jarigen willen berekenen, kunnen we dit doen door gebruik te maken van de functies COUNTIF en SUMIF. In Figuur A.1 staat hoe Excel het aantal maal dat"0" voorkomt uitrekent in de array A2:A14650. In Figuur A.2 staat de totale verpleegduur voor 0-jarigen, waaruit de gemiddelde verpleegduur kan worden berekend. Dit kan uitgebreid worden tot een tabel met achtereenvolgens leeftijd, aantal, verpleegduur, en gemiddelde verpleegduur. Het kopiëren van cellen zorgt ervoor dat dit heel snel gaat. Een goed gebruik van de $ in de arrays voorkomt fouten met de onder- en bovengrenzen van arrays bij het kopiëren, een veel voorkomende fout in Excel.

D1				fx	=COUNTIF(A2:A14650,0)	
	A	B		C		D
1	Leeftijd	Verpleegduur				980
2	0	4				
3	0	4				
4	0	11				
5	0	5				
6	0	1				
7	0	5				
8	0	2				
9	0	5				

Figuur A.1: Het aantal 0-jarigen

E2				fx	=SUMIF($A$2:$A$14650,0,$B$2:$B$14650)		
	A	B	C	D		E	F
1	Leeftijd	Verpleegduur		aantal		980	
2	0	4		totale duur		4927	
3	0	4		gemiddelde duur		5.027551	
4	0	11					
5	0	5					
6	0	1					
7	0	5					
8	0	2					
9	0	5					

Figuur A.2: De totale zorgduur van 0-jarigen en het gemiddelde

Er zijn nog twee manieren om (deels) dezelfde berekeningen te doen. Om het aantal patiënten per leeftijdsgroep te vinden kan men binnen de data-analyse add-in (onder Tools) kiezen voor histogram. Daarmee kan men zowel de histogram zelf als de onderliggende getallen verkrijgen. Een veelzijdiger mogelijkheid is het gebruik van pivot tables (draaitabellen), te vinden onder Data. Voor draaitabellen zijn prima handleidingen op internet te vinden. Draaitabellen zijn ook zeer geschikt om met data met meer dan twee attributen om te gaan.

Oefening Bereken, gebruikmakend van een draaitabel, per leeftijd het aantal patiënten/cliënten en de gemiddelde verpleegduur voor de gegevens in de online file leeftijden-duren.xls.

A.3 Andere tools

Excel wordt veel gebruikt, maar is zeker niet de enige tool voor het uitvoeren van berekeningen. Voor meer complexere taken is het soms verstandig een gespecialiseerde tool te gebruiken. Zo zijn er meerdere tools voor statistiek (zoals SPSS en R) en voor optimalisatie (zoals AIMMS). Deze worden vaak door specialisten zoals statistici en econometristen gebruikt.

Daarnaast bestaan er tools die geschikt zijn voor een specifiek soort taak. Eerder hebben we Harmony voor personeelsplanning genoemd. Een ander tool is Hotflo voor capaciteitsmanagement en planning. Dit soort tools worden *Decision Support Systems* genoemd: zij ondersteunen de beslisser bij een bepaald soort beslissingen.

Tezamen met de BI tools die op pagina 10 zijn beschreven geeft dit een overzicht van softwaretools voor zorglogistiek.

A.4 Verder leren

Investeren in Excel vaardigheden en het gebruik van andere tools is vaak de moeite waard. Er zijn vele manieren om basale kennis op het gebied van Excel en statistiek op te doen, bijvoorbeeld door het volgen van een cursus of een geschikt vak.

Ook op internet is veel informatie te vinden: specifiek door op onderwerp te zoeken, maar ook uitgebreide cursussen ("tutorials") zijn gratis op internet beschikbaar.

Een toegankelijk Nederlandstalig boek over Excel is Vlootman [18].